万川
reflections

一步万里阔

汗水的奖赏

Sweat

A History of Exercise

运动小史

[美] 比尔 · 海斯 著

沈慧 译

Bill Hayes

中国工人出版社

图书在版编目（CIP）数据

汗水的奖赏：运动小史 /（美）比尔·海斯著；沈慧译. —
北京：中国工人出版社，2024.1
书名原文：Sweat: A History of Exercise
ISBN 978-7-5008-7989-3

Ⅰ. ①汗… Ⅱ. ①比… ②沈… Ⅲ. ①体育运动史—世界 Ⅳ. ①G811.9

中国国家版本馆CIP数据核字（2024）第045347号

著作权合同登记号：图字01-2022-4507

汗水的奖赏：运动小史

出 版 人　董　宽
责任编辑　董芳璐
责任校对　张　彦
责任印制　黄　丽
出版发行　中国工人出版社
地　　址　北京市东城区鼓楼外大街45号　邮编：100120
网　　址　http://www.wp-china.com
电　　话　（010）62005043（总编室）（010）62005039（印制管理中心）
　　　　　（010）62001780（万川文化出版中心）
发行热线　（010）82029051　62383056
经　　销　各地书店
印　　刷　北京盛通印刷股份有限公司
开　　本　880毫米×1230毫米　1/32
印　　张　9.75
彩插印张　0.5
字　　数　300千字
版　　次　2024年4月第1版　2024年11月第2次印刷
定　　价　68.00元

不朽的神这样安排：

要达到卓越，我们必先流汗。

——赫西俄德（Hesiod），

《工作与时日》（*Works and Days*），

约公元前 700 年

不朽的神这样安排：

要达到卓越，我们必先流汗。

——赫西俄德（Hesiod），

《工作与时日》（*Works and Days*），

约公元前700年

不朽的神这样安排：

要达到卓越，我们必先流汗。

——赫西俄德（Hesiod），

《工作与时日》（*Works and Days*），

约公元前 700 年

出自《游泳的艺术》(*L'Art de nager*)，由梅尔基塞代克·泰弗诺(Melchisédech Thévenot)作于1696年。早期的游泳教学手册之一。

出自《游泳的艺术》(*L'Art de nager*)，由梅尔基塞代克·泰弗诺(Melchisédech Thévenot)作于1696年。早期的游泳教学手册之一。

contents 目 录

下潜

Plunge

我的身体不知道会发生什么，完全一无所知。我脱下衬衫、短裤、鞋子，坐下；已经准备好了，却还是在拖延。我在给自己做心理建设，或者自以为是这样，但怎么也建设不好。我看向水，仿佛想寻找信号，却一无所获。然后，有什么让我冲了出去——听天由命，不耐烦，又或许不过是码头上叮咬我的苍蝇。我起跳了。这其中不乏暴力：身体打破明镜般的水面，扎进水里，耳边一声巨响；还有皮肤上的感觉，皮肤和神经的感觉，深入骨髓。一种与疼痛不无相似的感觉。

我想那就是疼痛。我想到断裂的冰柱。有种刺痛感。我戴着泳镜，所见即所感：混乱，湿漉漉的混乱，感觉的混乱。墨绿色、棕色、黑色，还有绽放的白色，仿佛喷溅的颜料，刺过透明，刺过湖之眼的玻璃体。我看到自己的双臂，手肘外屈；还有泡泡，或者说气泡。我感觉像在做水肺潜水，却没佩戴装备；一阵恐慌袭来。水很凉，据说水温只有10摄氏度。我几乎无法理解，无法理解这其中的谬误。但与此同时，我在向前移动，手臂划水，不断向前。

我用力蹬腿，本能地觉得蹬腿能摆脱寒冷，不然也别无他法。现在我看到我的双臂前伸，手聚成V形。我在水里迅速游过，确知自己正在移动，快得像在飞一样。肺里的空气则已所剩无几。

我看到透明的绿光，水面越来越近。我像拉弓射箭一般，右手尽量前探，同时收回左臂，准备一出水就切换到自由泳。

上浮的过程与下潜相反，但又感觉一样——都是各种感觉（对温度、水、力、光的感觉）乱作一团。真棒，我冲出水面，见到湖岸、船库、树木时，周围又亮了起来。我把空气攫进口腔（就是这种感觉，说“吸气”并不准确，那有种身体孔武有力的感觉），攫满两肺，然后入水、摆臂、蹬腿、转动——游了起来。我换了四五次气，能游多远就游多远，脑子里完全不想其他事情；然后转身。我爬上码头，皮肤和肌肉都绷紧了，“吸”满了氧气。

后来有朋友问我干吗要这样，“拜托，已经10月了，湖水冰着呢”。

“因为我可以。”我回道。

有人告诉我，美国作曲家弗吉尔·汤姆森（Virgil Thomson）满90岁时，说自己终于快乐了，因为他再也不用运动了。（他两年后去世，想必那是没有运动的两年。）我的心态不一样。完全不能运动是我对变老的一大担忧，那意味着整日呆坐在电视机前，卧床不起，没法举重、跑步、散步。那还不如先毙了我呢。不，等等。还是把我扔进湖里吧。等我的“大限”到了，我想出去游泳。

我对运动的这种渴望，在某种程度上是天性使然。我从十二三岁起就对人体兴趣浓厚。也正是因为兴趣，我后来写了有关睡眠科学和人类血液史的书，以及19世纪经典教科书《格氏解剖学》（*Gray's Anatomy*）背后的故事——还为此专门和一年级医学生一起学了一年解剖学，做全面尸体解剖，试图亲身感受亨利·格雷（Henry Gray）本人的实践。那本书写完后，我多了不少空闲，于是每天都去健身房，跑步，上瑜伽课和动感单车课，一练就是好几个小时。那时我的运动史已经不短了，但我从没想过，其实运动本身也有历史——压根儿不知道有那么回事。直到 10 多年前的某个下午，我才突然在健身房里想到这点。

那天我爬上了一台爬楼梯机——我一直以来的有氧器械首选。爬楼梯机不仅能刺激臀部，还有一定的心理提振作用——当你比地上的人足足高出一米多，你会感觉自己无所不能。我设置好我的常规训练计划：燃脂，15 级，25 分钟；放好毛巾、水壶，把iPod耳机塞进耳朵。我的指尖触到了器械的开始键。那个威力强大的绿色小圆圈：每次按下，都是一次把过去一笔勾销、让肉体罪恶消泯的机会。然而，那天我莫名其妙地犹豫了片刻。我的眼前是各种肤色的男女老少，有做重训的，有弯腰躺在大橡胶球上的，有和刑具般的器械融为一体的，也有在单杠上做引体向上的。我看着他们，突然想到一个问题：我们是如何走到这一步的？如果我要追溯运动的源头，会一直追溯到哪儿？

我站着想了一会儿，然后按下清除键，拿起毛巾、水壶，从爬楼梯机上爬了下来。我接下来的举动纯属本能反应——我去了图书馆。

图书馆和健身房一样，始终是我的庇护所；而健身房也和图书馆一样，始终是学习的场所。我开始四处闲逛，在书目卡片里找到很多健康和运动指南类书籍——大多出版于现代，但也有不少出版于19世纪，甚至19世纪以前。书名都很诱人:《床上运动》《绝世男人》。一本1796年的书，书名特别拗口:《稍稍关注生活方式即可延长寿命的简单方法，内含大量健康益见，有关运动、休息、睡眠、排泄等》，作者只是简单地署名为“医学绅士”。

可惜这些老书早已遗失或找不到了。对于我有关运动起源的疑问，我也没找到能简单明了帮我解惑的书，于是这件事也就不了了之。生活很快又抛出新的问题，我便没再继续探究。我决定跟随从小的梦想搬去纽约，感觉此时不做，更待何时？就这样，2009年的春天，48岁的我又退回起点，重新起航。我找了份全职工作，爱上了如今已故的我的伴侣——神经学家兼作家奥利弗·萨克斯（Oliver Sacks）。我渐渐熟悉了纽约这座城市，在曼哈顿西城住了一年，然后搬到东城，最后又回到西城。由于有全职工作，我没有很多时间写作，但运动的时间还是有的。我3年里换了7家健身房，最后终于找到一家来电的。说到底，那毕竟是一种“肉体”关系。

我常在阅读时读到运动和历史、历史和运动的话题，偶尔还会在便条纸上记点笔记，随手塞进抽屉。比如这样："弗洛伊德传记，183 页——见脚注。"我在书里读到，西格蒙德·弗洛伊德的一些早期追随者都爱好耐力运动，便将那页折了角。心理分析需要久坐，两者对比鲜明。卡尔·亚伯拉罕热衷游泳和登山，欧内斯特·琼斯喜爱花样滑冰。[琼斯不仅为弗洛伊德作过传，甚至还写了《花样滑冰要素》(*The Elements of Figure Skating*)。] 弗洛伊德本人则喜欢在山里长时间散步，这确实很适合他。"是你选择了运动方式，还是运动方式选择了你?"我不禁自忖。

有时候，某项运动和某个人在我看来就是不搭。以弗朗茨·卡夫卡为例，他在 1941 年 5 月的日记中坦承道："上周，我的邻居每晚都来和我摔跤。他显然是个学生，学了一整天，就想在晚上睡觉前来点速战速决的运动。他找我可是找对人了。撇开意外不谈，我俩之间我或许更强，也更有技巧，但他耐力更好。"

好吧。

一天，我无意中在报纸上看到阿尔伯特·爱因斯坦骑自行车的名照，便顺手撕下，钉到了书桌前的墙上。这张照片我见过无数次，但这一次我有了新的视角。从外表看起来，爱因斯坦并没有魁梧的运动员身材，但他也不像从不运动的人。“他经常骑自行车吗？会骑多远？这辆车是他的吗？”我接着读了3本介绍爱因斯坦的书，试图寻找答案，但都没找到确切的说法。不过，我确实了解到他喜欢驾船，那说明他会游泳。

于是我记了下来。

我还记了这些：列夫·托尔斯泰和歌德一样——用托马斯·曼的话来说——也“喜欢锻炼身体，爱好体育训练和生理享受”。他甚至在60岁时依然会长途骑行，骑行32公里或者更远，这让他的妻子感到非常焦虑。

我脑海中突然出现了托尔斯泰和爱因斯坦在铁人三项赛场同场竞技的画面。“哪个男人会赢？”

赢家也有可能是位女士。玛丽·居里发现钋元素后做了什么？她和丈夫皮埃尔暂时关掉小实验室，整个夏天都在法国南部骑车徒步。度假让她“满血复活”，她一回来就做出了自己最重要的发现——镭。

安迪·沃霍尔的一段日记，三句话就貌似概括出了一整个逝去的时代，包括迪斯科球和其他一切：“去了健身房。他们把我弄上器械，让我头朝下、脚朝上，搞得我口袋里的药都掉出来了，头发也差点掉了。然后去了迪厅。”

但撇开沃霍尔不谈，随着计划逐渐有了眉目，我发现自己对近几十年的潮流兴趣不大。这本书要写的不是SoulCycle*、交叉健身（CrossFit）或其他热潮——这些我已经直接或间接体验过。它要写的是我还不了解的深层历史，是要将我的运动经验，即当下的身体现实，与已遭忘却的往昔智慧联系起来。它将是一段个人史，与权威无关。

我开始记笔记。无论走到哪儿，一有想法就匆匆写下。没带笔记本就写在别的地方，哪儿都能写，有一次还在一家餐厅的餐巾纸上写得满满当当。当时我正和奥利弗在家附近的餐厅吃晚餐。那家店现在已经关了，但我还保存着我们带着酒渍和食物污迹的对话亮点：

> “运动能脱离技巧吗？运动本身就是种技巧，还是获得技巧的途径？运动什么时候会变成运动表现，而不再是运动？”

两个人两壶桑格利亚果酒下肚，这些问题便可能更显深奥了。

* 美国动感单车健身连锁品牌，成立于2006年。——译者注。本书若无特殊标注，脚注均为译者注。

英语最早使用“exercise”一词是在14世纪。用作动词时，它的字面意思是“消除约束”，使用对象是农场动物。这给了我全新的视角：运动是无拘无束的活动，可以是任何事，只要动了就行。但这个词也和内部状态、存在方式有关。在英语中，它可以和谨慎、审慎、克制、好品味、好习惯、行善的意愿（或相反，不行善的意愿）搭配，意为运用、行使等。每一种美德都有与其对立的恶习，这些恶习也可以大力“行使”。你可以基于这样的体系，设计出一套完整的训练。

我有时会问别人怎么运动，为什么那样运动。

一位酒保信誓旦旦地告诉我，他在开发一种会颠覆健身行业的技术。他出生于纽约布朗克斯区，有着超人般的健美身材。“我说真的，哥们儿。”

“是吗？”我把耳朵凑过去。

但那是个秘密。

一位朋友的侄女50多岁，身材丰腴，非常健康。她向我坦承，她每天早上洗澡前都要跟着震天响的音乐不停跳舞，而且只放固定的两首歌。

我的俄罗斯理发师说他打手球，冬天照打不误。他和哥们儿在皇后区的一个老球场打球。他们会带几桶热气腾腾的水过去，以防球变冷而失去弹性。他一边给我剃头，一边说道。

手球，我父亲也喜欢，但现在很少听到了。再看看摔跤，曾经是奥运会正式项目，几年前差点被奥运会取消。真让人难过。还有没有其他濒临消失或已经绝迹的运动形式？没有记录，没有描述，和正在消失的语言一样。那伟岸的爬楼梯机是不是也即将被丢进历史的垃圾堆？我逐渐意识到，是时候去请教一下专家了。

那是7月里一个闷热的下午，又潮又热，纽约东哈林区的街道和人行道上几乎空无一人。约定时间是1点，我提前1分钟到达指定地址，用随身带的毛巾擦擦额头，然后拉开了纽约医学学会（New York Academy of Medicine）厚重的金色大门。这家令人肃然起敬的研究倡导机构已有150年历史。迎接我的是一位五官端正的年轻保安，我向他报了姓名。

大厅里铺着大理石地板，历史馆藏图书管理员阿琳·沙纳在那里接待了我。她待人亲切，说话温和，和我年龄相仿。她略带曲线的高挑身材，加上一头富有光泽的青灰色头发，让我不由得想起夏日里的蒲公英，孩提时会对着许愿的那种。我们乘电梯上到3楼。我跟着她穿过好几个高顶房间，全都如舞会厅般气派，但里面除了书还是书。她带着我走上蜿蜒的楼梯，穿过空荡荡的走廊，最后在一扇挂着红褐色小牌子的门前停下，牌子上手写着两个字：珍本。

沙纳女士打开门，把我引进大厅，迎接我们的是6个骷髅头，就摆在卡片目录柜上。两间房里有成千上万册书林立在墙边，旧书散发着特有的霉味。我立刻在不同感官层面浮起一种似曾相识的感觉。“我喜欢那个味道。”我轻声道。哪怕我看不见，我也能跟着那个气味，轻而易举地避开桌椅，攀上梯子，在柜顶找到这里最古老的书。

我在沙纳女士的办公桌附近找了个阅览位，刚拉开包，她就像突然捕捉到了只有图书管理员才能听到的声频似的，先发制人地一连说了好几个“不准”：不准用钢笔（拿都别从包里拿出来，她用最坚定但又最友善的语气说道），不准带瓶装水，不准吃东西，不准用手机，未经她允许不准拍照。

我全神贯注地听着她说的每一个字，很乐意服从这位21世纪的密涅瓦。珍本室是她的地盘，能经她允许暂留此处，我已经感到很幸运了。笔记本电脑可以用，但我莫名觉得这样不够得体，便把电脑留在包里，只拿了铅笔和记事本。

我事先提交了10本书的阅览申请——这数目不完全是随口一说。10本既不会多到显得贪婪，也不会少到显得不恭。而且我在学术图书馆工作过，知道那里的潜规则。沙纳女士推来一辆图书馆推车，里面是我预订的书——作者大部分是医学史上耳熟能详的名字。她还给了我一沓纸书签、一个泡沫橡胶阅读架，然后才回到自己的办公桌前。她离开时我感到一阵兴奋（我想是有点小紧张），仿佛跳台上的跳水运动员，或是起跑区的跑者。3，2，1……我伸手去拿希波克拉底（不如从头开始），这时才发现有11本书，而不是10本。我从推车里拿出那本书名陌生的书。书很大，包着个结实的沙色书套。

"我自作主张拿的，"沙纳女士在她的办公桌前说道，"觉得你会感兴趣。"

我把书拉出书套，小心翼翼地捧在手里，感觉它和小哑铃或人脑一般重。我随手翻开，映入眼帘的是两对裸男扭绞在一起的画面，有着木刻版画少有的动态感。这些壮男好似被定格在了战斗或深情相拥中一般——换句话说，他们是在摔跤。我看向沙纳女士，做出这样的口型："这太棒了。"

她也用口型回道："我知道。"

我们甚至都没小声交谈，即便那里没有别人。

我在封皮里找到一张打印出来的小字条，上面交代了书的出处。我手里捧着的是一本罕见珍贵且保存完好的插图版《体操艺术》（*De arte gymnastica*），出版于1573年，作者是吉罗拉莫·梅尔库里亚利（Girolamo Mercuriale），一个我没听过的名字。

当时我并不知道，这本书将带我走上一段横跨2000多年、足迹遍布三大洲的征程，也将引领我对数十种运动形式展开研究。我将参观意大利奢华宫殿、古希腊遗迹和各类运动场所，将亲眼看到封存在档案馆里的珍稀古籍标本（偶尔还有顽固的图书管理员在旁守护）。那些书的存在（不只是内容，还包括它们的装帧、霉斑和气味）将解答我刚刚冒出的疑问：运动的艺术是如何出现、消失，又被再度发现的。

我翻开了第一页。

整本书以这番景象开篇：建筑化为废墟，往日辉煌不再。梅尔库里亚利"带着深深的景仰"，凝视着那些倾颓的遗迹。它们曾是开阔的浴池和运动场地，是古希腊人和古罗马人“专门为了运动”所建。然后他突然灵光一现，一个想法开始在脑海中挥之不去：他要写一部专著，“让这失落的艺术重拾古老往昔的辉煌和尊严”。这部专著之于运动，将好比安德烈亚斯·维萨里的《人体的构造》（*De humani corporis fabrica*）之于解剖学。它将是展现失落的希腊罗马艺术的图册。为什么其他人没有肩负起这一重任？梅尔库里亚利写道：“我不敢说，我只知道这是一项超级有用但异常艰巨的任务。”

接下来的几年，他窝在罗马的图书馆里，查阅了 200 多位古典时代及之后作家的作品。他用这种方式创造出了古希腊健康健身指南的文艺复兴版本，详述了远至公元前 5 世纪的运动方式。

但当时我对这些还一无所知。

那个炎热的夏日，我坐在那个空荡荡的图书馆里，只知道自己没法拜读梅尔库里亚利的大作，因为书不是用英语写的。我充其量只是在翻着书页的时候认出了一个反复出现的词——“*exercitatio*”，拉丁语，意为“运动”，如果我没猜错的话。

寻找梅尔库里亚利

Finding Mercuriale

我以让运动的艺术重见天日为己任。它曾深受推崇，现在却已过时并遭人遗忘。

——吉罗拉莫·梅尔库里亚利，《体操艺术》，*1573* 年

我开始在医学学会的藏书架前消磨空闲的下午时光，用图书馆（空气潮湿，满是经不起多翻的典籍）的寂静和静止取代了健身房（音乐“砰砰”响，尽是汗流浃背、面红耳赤的健身者）激发的狂热。两个地方都有股麝香味，尽管不太一样，除此之外便再无相似之处。

我和沙纳女士有套例行程序：我在前半周预订 6 本书，我们在大厅会合，一起乘电梯到 3 楼，再一起走去珍本室。这套程序里有种让我感到愉快的形式感。我没有任何特殊待遇，尽管我已经对这个“迷宫”轻车熟路。我同向她咨询的学生、学者或医学工作者一样，要按规矩办事，也就是要听她指示。这既是对书和图书馆制度的尊重，也是对

那无所不知的图书管理员——沙纳女士本人——的尊重。

是她让我知道了体育诡辩家菲洛斯特拉托斯（Philostratus），德国人弗里德里希·路德维希·雅恩（Friedrich Ludwig Jahn）和他的民族主义体操运动传道者，以及哈丽雅特·比彻·斯托（Harriet Beecher Stowe）的姐姐凯瑟琳——19 世纪中叶的简·方达（Jane Fonda）。这些都是非常有趣的人物，背后有着美妙的故事，但我还是想知道梅尔库里亚利说了什么。如果我上学时学过拉丁语就好了，我不禁这样觉得。但我即便真的学过，可能也还是读不懂多少——梅尔库里亚利使用的是文风绚丽的中世纪拉丁语，今时今日，只有专业人士才能翻译。

有趣的是，我倒是从间接渠道零零碎碎地听说了一些关于他的事。我发现英国人小弗朗西斯·富勒（Francis Fuller the Younger）在发表于 1705 年的长篇论文中屡次引用了“*Hieronymous Mercurialis*”（梅尔库里亚利名字的拉丁语拼法）。富勒的疑病症（由严重瘙痒引发）让他日渐虚弱，他讲述了自己是如何利用这位意大利医生的运动法来治疗自己的过程。他从此改弦更张：

> 或许有人觉得，剧烈出汗会造成贫血，但事实恰恰

相反。这就好比在炎热的气候条件下，人们虽然大量出汗，却因此更有生气，更有活力。因此，适度运动能让身体自然变热，从而增加血液营养。

另一位英国人理查德·马卡斯特（Richard Mulcaster）和梅尔库里亚利生活在同一时代，他是麦钱特泰勒斯公学（Merchant Taylors' School，当时全英最大的公学）的校长。马卡斯特于1581年出版了谈论教育的《立场》（*Positions*）一书，在书中提倡将运动纳入学校课程，即开设体育课。他在提到相关参考资料时说："我不知道有谁能与梅尔库里亚利比肩。他是我们这个时代一位非常博学的意大利医生。他耗费大量心力，把所有作家谈到体操和运动的论点全都筛选了出来。我大量借鉴了他对这一议题的建议，只要其切合我的目的。"

《立场》一书似乎确实大量借鉴了梅尔库里亚利的《体操艺术》。马卡斯特是怎么发现这本书的？他是伊丽莎白一世核心社交圈中的一员，显然和莎士比亚很熟，据说还是莎翁《爱的徒劳》（*Love's Labor's Lost*）一书中的校长的原型。16世纪末的世界突然显得很小，那莎士比亚会不会也知道梅尔库里亚利的作品呢？

奇怪的是，仅从我找到的梅尔库里亚利的刻像来看，这两位还挺神似。梅尔库里亚利蓄须，秃头，饱满的天庭仿佛在说此人有大智慧。至于他的个人资料，以下是我知道的全部：吉罗拉莫·梅尔库里亚利于1530年9月30日出生在意大利弗利，即今罗马涅地区中心城镇。父亲是医生。他曾在家自学，也曾就读于帕多瓦大学，后来又取得了威尼斯大学医学和哲学学位。（维萨里曾在帕多瓦大学教解剖学，他出版于1543年的名作也是写于此处。不过梅尔库里亚利入学时他已离开。）梅尔库里亚利还没毕业便已是小有名气的学者和医学权威，以敢于挑战现状闻名。年仅22岁就写出了育儿论文《母乳喂养》（*Nomothelasmus*），尽管他自己尚未为人父母。那个年代习惯奶妈喂养，但他在文中提出反对意见，支持母乳喂养，认为后者对孩子来说更加健康。

梅尔库里亚利回到家乡定居，开始在那儿行医。作为医生，他关注病人的担忧、抱怨、疾病、轻伤，和如今的小镇全科医生应该并无不同，但有一个巨大的差别。当时的医学实践仍是基于一个不太科学的前提：希波克拉底古老的四体液说。体液说认为，血液、黏液、黄胆、黑胆这四种体液决定了一个人的健康状况。一种或多种体液过量或不足，都会打破体内平衡，最终导致疾病，让人处于“失衡”状态。因此，治疗就是要恢复这四种体液的平衡，方法有放血、排毒、禁食、出汗、诱导排尿、使用灌肠剂等。这些疗法的疗效似乎好坏参半，但这一点也只有在回顾过往时才能一目了然。（虽然哲学家弗朗西斯·培根当时就说：“这种疗法往往比疾病本身还糟。”大概是基于自身经验而言。）梅尔库里亚利行医期间，维萨里的解剖学还只是新生事物，不足以对传统医学造成任何影响：威廉·哈维在 60 多年后发现是心脏搏动推动了血液循环，对传染病的全面理解直到 19 世纪才形成。

我们对梅尔库里亚利职业生涯早期的日常生活了解不多，但还是可以对其举止作风做个大体的推断。梅尔库里亚利的善变显然“名不副实”，他似乎是个性情平和的多血质，而非易怒的胆汁质。*或许正是这种品质，加上他的睿智和学者风范，让他赢得了弗利镇居民的敬重。1562 年，他们推选他去罗马做外交旅行。在那里，梅尔库里亚利遇到了红衣主教亚历山德罗·法尔内塞（Alessandro

* 在希波克拉底的四体液说中，血液、黏液、黄胆、黑胆这四种体液分别与多血质、黏液质、胆汁质、抑郁质这四种气质类型对应。

Farnese）——他来自有钱有势的法尔内塞家族，是已故教皇保罗三世的孙子（没错，是孙子，那时的教皇不需要保持独身）。这位红衣主教显然对梅尔库里亚利大为折服，他邀请后者出任他的家庭私人医生。梅尔库里亚利正是在担任该职期间有权使用梵蒂冈图书馆和法尔内塞家族非凡的私人图书馆，并开始了《体操艺术》一书的写作。他一生著作颇丰，76 岁时在弗利辞世。最后一版《体操艺术》出版于 17 世纪。

至少我这么以为。但后来有一天，沙纳女士把我介绍给了得克萨斯州奥斯汀的一位珍本图书管理员。我从此人处得知，意大利佛罗伦萨的美术出版商在 1996 年时出版过意大利语版《体操艺术》，其中附有完整的英语译文——该书首个英译。但这个版本已经绝版，我在纽约各大书店、图书馆都没找到，网上书店也没有。最后，我只能向那位意大利出版商直接购买，对我来说价格很是不菲。拿到书后，我又找到了译者的联系方式。距离我第一次听说梅尔库里亚利的书差不多刚好一年时，我启程去了伦敦。不为别的，就为见见这位译者。我们约好了见面的时间地点：7 月第一个星期一上午 11 点，维尔康医学史图书馆（Wellcome Library for the History of Medicine）。

我在离开纽约前同他确认见面细节，然后收到了一封迷人的回复邮件，其中附有如下说明：

亲爱的海斯先生，

我建议您坐在里面的期刊区，“杂志 S-Z”旁。我会来找您的。

回见，
维维安

我提前 1 小时到达图书馆，因为我以前来过这儿，知道这里的安保规范堪比机场——不难理解，里面存放的手稿都无可替代。我找到约定地点，开始读起印度动物学会（Zoological Society of India）的期刊。周围一个阅览者都没有，想必那就是他让我坐在那儿的原因。

11 点整，维维安·纳顿（Vivian Nutton）博士走了进来。他年近七旬，个子很高，模样仿佛一只威严的鸟，风衣鼓起，鸟喙在前。他曾在剑桥大学任教，现在是伦敦大学学院医学史项目主任。纳顿博士是研究古代医学和从医者的世界一流专家，著有学术著作十余种，包括研究古罗马名医盖伦的权威作品，另外还写有数百篇学术论文。

还没等他坐下，第一个问题就被抛了出来，但不是我抛的，而是他。“您为什么对梅尔库里亚利感兴趣?”他说话时友善地一笑，但眼神里有种评判，而且显然语带尖刻。我的“安检”还没结束。

“纯粹就是好奇。”我说我想尽可能了解梅尔库里亚利的一切，因为我在尽可能了解运动史的一切，“那您呢，纳顿博士?”

我发现自己没法称呼他“维维安”。

他说大约在40年前，他还在剑桥大学做研究，发了篇研究文艺复兴时期古医学的论文，他是在那时第一次遇到了梅尔库里亚利。“梅尔库里亚利是16世纪伟大的学者，也是伟大的医生”。尽管如今在学术圈外鲜为人知，他在当时却是重要人物，是“认为过去更好，所以准备重建过去世界”的五六位“重量级人士”之一。人类在人文主义新精神下获得了不少成就，而医学和古典艺术及哲学一样，都被视为其缩影。“那毕竟是文艺复兴”。

纳顿博士说起话来抑扬顿挫，声音清晰洪亮，如同习惯了大演讲厅的讲师——也不管我们是在图书馆里。他语速缓慢，我刚好能一字不差地记下所有话。我感觉自己是在上一堂即兴大师课，我是课上唯一的学生，而且还坐在前排。

他说《体操艺术》主要是为了一名读者而写：法尔内塞红衣主教。该书的首版就是题献给他的。梅尔库里亚利无疑是一位称职的私人医生，但他也获得了堪比麦克阿瑟基金会（MacArthur Foundation）“天才奖”的奖赏：在为对古物的广大文化兴趣作贡献的同时（法尔内塞本人就是热忱的古物收藏者），利用闲暇（拉丁语为“*otium*”）追求个人学术兴趣的自由。不过，梅尔库里亚利还是只将首版《体操艺术》题献给了红衣主教一人。等到他为1573年版（我在图书馆第一次看到的那个版本）进行修订、添加插图和额外资料时，他已经获得晋升，那或许是他职业生涯中的终极晋升。他那时已是神圣罗马帝国皇帝马克西米利安二世的私人医生，部分要归功于《体操艺术》的成功。接下来的操作毫无悬念：书会被重新题献。而这需要作者使些巧劲儿。

纳顿博士拿起我那本《体操艺术》，也就是他的译本，翻到前几页递给我，然后带着愉快的笑容坐了回去。

书被题献给了“最所向披靡的皇帝马克西米利安二世”：

我从许多方面了解到，我花费了大量精力、脑力的产物收获了还不错的反响，如果我可以这么说的话。正是受此驱使，近几个月我再度拾起这部专著。三思往往胜于初思。有鉴于此，新版是否会反响更佳，是否会愈加娱悦读者，对此我毫不担心。因此我才会如此果断，做了这件我此前不敢做的事，将此书献给陛下，以证明我对您的尽心尽力。因为大家一致同意，倘若体操复兴需要赞助人，那定没有比您更佳的人选。

我不禁轻笑起来。“了不起，同时做到了谦虚、大言不惭和谄媚。梅尔库里亚利应该很有野心吧。”

“当然，但谁不是呢？”纳顿博士说道，“这就好比是印第安纳州布卢明顿的无名小卒，成了纽约的著名营养学古鲁。”

“总得有这么个人。”

“没错。”

但即便如此，梅尔库里亚利并不是文艺复兴时期的安德鲁·韦尔或奥兹医生，《体操艺术》的叙事核心并不是他的个性或个人经历。梅尔库里亚利对自己的运动法、饮食法只字未提。提这些不至于不妥（但或许有人会这么觉得），但有些不太切题。纳顿博士解释道，他是在试图为撰写这个主题的医学百科全书“建立普遍原则”。不过，“他显然也很提倡运动，而且从某种意义上说，肯定对各种运动都感兴趣”。

提倡运动在现在可能不算什么，在当时却很激进。那个时代的人就算考虑过运动和运动能力的问题，也不会觉得那有多重要。以奥林匹克竞技会为代表的运动和竞技文化，随着基督教的兴起基本上被扼杀了。325 年，第一位信奉基督教的罗马皇帝君士坦丁大帝正式下令禁止角斗比赛。大约 70 年后，狄奥多西一世又让奥林匹克竞技会彻底终结。这不仅是因为运动和竞技与基督教教义背道而驰，还因为体育比赛与异教仪式有关（比如用动物血祭），而且是为祭奠希腊和罗马众神。大教堂取代运动场，成为新圣地。得荣耀的从此将是圣灵，即灵魂，而非肉体。转变当然不是发生在一朝一夕之间，也非一纸法令就能促成。但为了运动而运动的观念，无疑在数百年间都被视为不成体统。等到梅尔库里亚利在千年后开启研究，运动的艺术——用他的话说——“已经不复存在”。

纳顿博士还指出，梅尔库里亚利的著作其实不是第一部有关运动的印刷书籍，这个荣誉属于默默无闻的西班牙医生克里斯托瓦尔·门德斯（Christobal Mendez），他的小书《体锻手册》（*Book of Bodily Exercise*）出版于1553年。但两书相较之下，《体操艺术》的内容更充实全面，且得到了更多研究（没有证据表明梅尔库里亚利知道门德斯的小书）。

在《体操艺术》中，梅尔库里亚利几乎不像一位医生，而是如同辩护律师般为运动进行了辩护——他逻辑强大，字斟句酌，且不乏圆滑。全书包含6个部分，每一部分都是对前一部分的延展。各章涵盖了走路、跑步、游泳、跳跃、拳击、摔跤等诸多运动，甚至包括我从没想到的运动形式，如笑、哭、屏气等。他的叙事和修辞策略是先陈述，再论证，最后搬出古代作家从正反两面加强论点。梅尔库里亚利最重要的证人是2世纪的希腊医生盖伦。他在书的前100页里引用了45次盖伦的观点。这并不奇怪。14个世纪以来，西方的医学教育和思想一直是以盖伦的教导为圭臬。

我问了问纳顿博士自己的情况，翻译《体操艺术》对他的运动习惯有没有影响？他说没有。“我年轻时还挺喜欢运动，以前会打壁球、板球、网球，现在每周去两三次健身房。”所以他这把年纪还能保持好身材，功劳不在梅尔库里亚利。而且，纳顿博士接着说道，他最主要的活动方式，梅尔库里亚利压根儿提都没提。“我在教堂敲钟……”

“教堂？敲钟？”

他点点头。“在我生活的村子里，每周三晚上，有时还有周一晚上，有时周六，周日早上是肯定的。敲钟的活动强度很大，你得拉绳子。”

这我可以想象——背阔肌、肱二头肌、手部肌肉都会用到，如同与上帝拔河。可是钟？我们这是在说什么呀？是《巴黎圣母院》还是《音乐之声》？

“我们村的钟重 270 多公斤，我敲过的最重的钟有 1800 多公斤。”

我在心里默默记下，要在纽约找个教堂去敲钟。

梅尔库里亚利和同时代的法国散文家蒙田一样，对自己的作品“修修补补”，一共修订出了 5 版《体操艺术》。纳顿博士翻译的是最后那版。由此可以想象，梅尔库里亚利的出版商应该利润颇丰，才会不嫌麻烦进行再版。然而《体操艺术》并未在 16 世纪、17 世纪催生出大量模仿之作。这相当奇怪，尤其因为以下原因：当时印刷书籍刚刚出现百年左右，随着其蓬勃发展，指南类书籍、医学建议和行为指导其实已逐渐风靡。但人们要到 300 年后才会再度对运动话题表现出类似的严谨和热情。

我不理解，我必须承认。为什么梅尔库里亚利的著作没有造成更大的影响？它又没被历史遗忘。

纳顿博士说了些什么，然后又停下来，显然是在权衡措辞。

“我认为那是本大部头。”他终于说道。

如果有谁有权做此评价，那一定是译者。我瞥了一眼我们中间那本厚厚的书。“换句话说，它要是薄点就好了。”

他更加婉转地说道：“我认为大家都知道这本书。你肯定会希望自己的书架上有这么一本书——”

“——就像《圣经》或《无尽的玩笑》。”

他眯了下眼睛，仿佛不明白其中的联系。

“但你会读吗？”我说道。

“有人会读吗？”这位译者纠正道。

健身迷

Gym Rats

我们绝不否认运动……有时很难，而且过程令人不悦，
但健康和些许不适并不相悖。

——吉罗拉莫·梅尔库里亚利，《体操艺术》，1573 年

我决心每次运动都要学点新东西——在汗水中寻找艺术，可以说是梅尔库里亚利的风格。我回到酒店，换下西装后去了楼下的健身房。更正：健身中心——其他人这样叫。反正不管怎样，如果梅尔库里亚利奇迹般地在此现身，他会觉得肯定是搞错了。在他的观念里，“运动场是建在城市独立区域的公共场所”，一如在雅典。“这些场所容量巨大，空间宽敞，可以轻松开展无数运动项目，包括体力和脑力运动”。他指出，柏拉图和亚里士多德曾在运动场讨论哲学，并因此吸引了大量人群。

唉！

我在酒店的地下室发现了一个房间，比我楼上的房间大不了多少。在我的左手边是个缩减版的通用健身房，有滑轮机，可以练下拉、肱三头肌伸展、肱二头肌弯举等。我的右手边有台跑步机，约 1990 年款。远处的角落里还有台划船机和一些轻量级哑铃。

没有哲学家。

只有我而已——无数个我出现在两面墙上的镜子里。还有只红色波速球和我做伴。我说了声“你好”，推开球，拿来条瑜伽垫，开始做起每次锻炼必做的热身运动——一套我经年累月东拼西凑来的动作。有的是跟教练、理疗师学的，有的是看别的健身迷做过。我坚信健身房里的模仿实属正当，而且经常偷师。我总是从站立拉伸腘绳肌和腓肠肌开始：双手抵墙，一条腿弯曲，另一条腿向后伸，脚跟紧贴地面，保持 30 秒，然后换腿。如果附近有楼梯，我会上下跑 8 到 10 个来回——几乎没有比这更快更好的全身性热身方式了。

接下来是肩和胸：我开始拍打双臂，仿佛受惊的鹈鹕；接着将手移到臀部，又是一番拍打。我站到角落里，双臂侧举，弯曲肘部，尽量把胸部往前推——仿佛我的胸正竭力亲到墙角，这样还能带动背肌。趁我仍然保持着站姿，我开始放松颈部——头从一边转到另一边，以各种方式转动，仿佛我的头是在跳肚皮舞；接着又做了几次耸肩和转肩。我坐到垫子上，打开双腿拉伸——进一步拉伸了腘绳肌，这里总是很紧；躺下，将膝盖拉向胸部，拉伸臀部和臀肌，左右轮流拉伸；最后，脚踝架在另一条腿的膝盖上，将那条腿拉向胸部，这样可以拉伸梨状肌，即大腿深处的梨状肌肉。我翻过身拉伸背肌和肩膀：膝盖收拢，两臂前伸，把头埋在手臂里——瑜伽经典的“婴儿式”。这一整套动作要花 7 到 10 分钟。

有人说我不该做这些。最近的科学研究表明，运动前拉伸会消耗肌肉组织能量，从而削弱力量。但我不在乎。我训练不是为了成为厉害的举重运动员。我习惯在运动前拉伸，那是我例行训练的一部分，而且让我感觉良好。这理由已经足够充分。如果拉伸不会让你在解剖学意义上暖起来，至少能让你在心理上暖起来。梅尔库里亚利也站在我这边，他写道：“大家应该从温和、放松的运动开始，逐步增加强度。”

梅尔库里亚利认为运动有三类，即预备、简单（主要练习）、结束（相当于冷身）。而热身属于第一类。预备阶段可能要比我们设想的更具体。梅尔库里亚利写道：“首先清洁身体，梳理头发，洗手洗脸，（然后）恰当着装。”他推荐不妨碍行动但抗风抗热的衣服。这位医生的着装建议理直气壮地偏离了古代传统，因为他英语书名中的“gymnastics”（体操）一词源自希腊语，意为“裸体运动”——古希腊数百年来的常规做法。

梅尔库里亚利的巨著没有提到任何腹肌运动，如卷腹、仰卧起坐等。盖伦及其他写过古代运动的作者也一样。这并不是因为大腹便便更受青睐（在其他时代倒是如此，男人的大肚子象征着权力、财富和健康，女人肚大则被视为有母性和性感），也不是因为古希腊人和古罗马人不懂得欣赏腹肌线条之美——瞧瞧古代雕像上刻着的6块腹肌、彩绘花瓶上运动员毫无赘肉的腰线。其实，日常的剧烈运动和体力劳动或许已经足以练出强大的躯干肌肉，所以无须再另外训练。

而我，由于每天长时间伏案，只能向往一下铁饼运动员的腹斜肌、年轻摔跤选手凸起的腹直肌。我的对策是做尽各种我能想到的仰卧起坐变型，结合各种方向、各种速度的变化：快速、超慢速、长时间定住，用波速球或不用波速球做。如果健身房有腹部器械，我也会用。但有件事我从来不做，那就是计数。首先，做仰卧起坐时我总是数不清楚。但更主要的原因是，我觉得为仰卧起坐计数会带来虚假的成就感。锻炼的目标不是做满100个仰卧起坐，而是把腹肌练到力竭——每一块腹肌。除了身体表面能看到的肌肉，下面还有两层肌肉（如果一个人体脂够低或天赋异禀的话）。我的经验法则是，如果没出一身汗，腹肌训练就称不上腹肌训练。

我在划船机上坐下，虽然这不是我常用的有氧器械。我没有船，没有水，也没有目的地地划着桨。为了不去想这有多荒谬，我开始专心关注技术。矫正姿态：背打直，肩放低。感受腿部和臂部的弹动。菱形肌收缩，挤压肩胛骨，我想象着猛禽展翅的画面。我看着绳索前后移动。耳机里放着音乐，而绳索仿佛和着那音乐的节奏。我划了10分钟。虽然没有心脏监测仪，但我感觉心率很理想，应该在每分钟110下左右，而且呼吸频率是平时的2倍。我已经正式满足了梅尔库里亚利对运动的定义：

> 严格说来，运动是自发的剧烈身体活动，包括呼吸模式的变化，目的是保持健康或增强体质。

他的定义简洁明了，至今依然适用。梅尔库里亚利借鉴了盖伦的观点，后者在2世纪就将运动定义为会让呼吸加快的“剧烈活动”，但梅尔库里亚利又添加了一项重要内容，即句末提到的运动的“目的”。他认为这一意图是区分运动和工作及其他活动形式的关键因素。例如挖土，“如果目的是耕作、种植水果，那无疑应被称为工作和劳动；但如果是以健康为目的，则应称为运动”。所以，划船也是一样，如果其唯一目的是去湖对岸，那划船就不是运动，而是交通方式。

意图的概念也能有效区分运动和体育。其实就定义来说，体育意味着竞争、竞赛规则，意味着有“赢家”和“输家”，无论是团体项目还是个人项目。你在打篮球、网球甚至高尔夫时当然也在运动，但和体育的真正意图相比，运动只是次要的。而体育的真正意图，是在比赛中与人竞争，试图击败对手。

走向重训器械的时候，我觉得我说不准那位来自弗利的医生是会喜欢还是不会喜欢这个袖珍健身房，以及里面奇奇怪怪的设备。梅尔库里亚利会觉得它尽管很小，但只要有就不错了吗？还是会为它的规模和设施不足而震惊？在古希腊和早期罗马帝国，所有城镇都至少有一个运动场。运动场和剧院、市场一样，是文化和社会生活的组成部分，尽管仅限于上层阶级的男性。运动场禁止女性进入，哪怕只是观赛。虽然柏拉图确实在《法律篇》(*The Laws*) 中说过，“女人，无论老幼，应当……与男人一起运动”，但“应当”的意思不是她们可以或已经那么做了，而是说这是一种理想情况。在现实生活中，这一理想情况直到19世纪才得到广泛实现。梅尔库里亚利既没有提倡也没有反对女性在运动场运动，他巧妙地回避了这个问题，“这不是本书考查的主题”。

运动场通常是官方建筑，归城市所有，配备有专职工作人员，包括教练和古代版“球童”。总经理被称为体育官 (*gymnasiarch*)，负责日常管理工作。另外也存在私人运动场。资料显示，使用者需要和如今一样付费，其实就是健身房会员。16世纪时，这些运动场在梅尔库里亚利生活的意大利仅存一座，而且这一座也只剩下残垣断壁——主建筑被半埋在废墟里，如同卡拉卡拉浴场*。

基于罗马建筑师马库斯·维特鲁威乌斯 (Marcus Vitruvius) 的文字，梅尔库里亚利对运动场是什么、该怎么

* 卡拉卡拉浴场 (Baths of Caracalla)：古罗马公共浴场，217年由卡拉卡拉皇帝揭幕，曾是罗马帝国第二大浴场。

设计建造有着明确甚至是宏大的构想。维特鲁威乌斯的10卷本巨著《建筑十书》（*De architectura*，约公元前25年）是唯一保存下来的关于古典建筑的著作，为方方面面提供了明确的设计细节，从渡槽、中央供暖到监狱和剧场建造，还有使用的机械和材料。他在第5卷第2章中描述了建造正规摔跤场（*palestra*，即古希腊人的摔跤专用大型运动设施，有运动区、观众区和沐浴区）的“规则”。（古希腊人还有和“健身迷”对应的词——没错，他们也有这样的人。字面翻译过来就是“摔跤迷”。）

按照维特鲁威乌斯的说明，主运动区是一个400平方米的中央大院（4条边和如今的标准跑道一样长）。院子必须3面环有单柱廊，以供人行走。廊中要有“设座大厅”，让哲学家、演说家，“及其他爱好学习的人可以坐下辩论”。第4面为双柱廊，设有额外座位和屋顶，供行人避雨之用。双柱廊内需设有一系列房间：一间涂油室，供人们在“裸体运动”前抹上有香味的橄榄油；一间扑粉室，供人们往抹好油的皮肤上扑粉，粉末经过精细研磨，作用或是防止日晒，或是增加摩擦力；最后还有几间浴室——冷水浴室、热水浴室、桑拿浴室，及一间“带拱顶的汗蒸房”。摔跤场对面是一条下凹式步行道，宽约3米。维特鲁威乌斯写道：

“这样一来，抹好油的摔跤手训练时，就不会妨碍到着衣走在步行道上的人了。”建筑群的后面是体育馆，大到“可以容纳大量观众，人人都能舒适地观看”运动员比赛竞技。

梅尔库里亚利为《体操艺术》第一版附上的运动场设计图忠实还原了维特鲁威乌斯的设计。虽然他梦寐以求的运动场是理想化的，但他想象中在那里运动的身体却不是。我们如今看到的健美者的那种壮硕肌肉，他并不会赞同，无论男女。“力量和健康是两个概念，”梅尔库里亚利这样强调，“过度关注变壮、增强力量（的人）……让头脑和感觉变得呆板、滞重、迟钝。”甚至只是渴望这样的身体也是对体操艺术的“曲解”。运动的目的不是变美，那纯粹是虚荣心作祟。运动是为了预防疾病、保持健康。他写道：“适度且恰当运动的人能过上不依赖任何药物的健康生活，但运动不当则将导致持续终身的疾病困扰，需要长期服药。”

就这一点而言，梅尔库里亚利既超前于时代，又坚守了古代传统（他预见了注重饮食、运动、行为改变的现代预防医学观念）。这一观念的开创者据说是摔跤手出身的医生希罗底库斯（Herodicus），他生活在公元前5世纪的雅典。但对运动具有医疗效果的信条进行全面阐述的，是他的学生希波克拉底。“想要保持健康，光靠饮食还不够，还必须运动。因为食物和运动虽然是相反的过程，却可以协同作用，带来健康。”希波克拉底这样说道。

希波克拉底写过两篇有关健康生活的专题论文——《健康养生法》(*Regimen in Health*) 和《养生法》(*Regimen*)，涵盖了饮食、运动、休息、洗澡等保健问题（标题中的“regimen”一词源自拉丁语“*regere*”，意为管理或治理。因此，养生法提供的是生活应当遵循的规则）。他强调，人们必须密切注意“运动与进食量、患者体质、个体年龄（等）的均衡”。换句话说，养生法须视个人情况而定，而且按照其定义，须与日常生活相结合。现代运动计划的概念正是衍生自这些古老的源头，这么说毫不牵强。

如果我背叛我的背，那我就一无是处。我的重量训练总是从背开始，不是胸，不是手臂，也不是腿。周一练背，练背就在周一，没有例外。这是我一直以来的习惯。但即便如此，我还是举不起来我以前能举起来的重量，甚至差很远。我就是举不起来。由于长期举重（加上伴随年龄增长出现的正常退化），我在几年前遭遇了肩袖肌腱（稳定肩膀的四块小肌肉之一）撕裂。没有严重到要动手术，但过程非常痛苦。即便每周做2次理疗，我还是连续好几个月去不了健身房——我的手不能举到胸部以上的高度。

我本可以从柏拉图那里得到警示。他在《理想国》（*Republic*）一书中建议体能训练要“节制”，将其比作音乐和诗歌学习。让体能训练“简单、灵活”，与所有事一样，不要过度。只要你这么做，就能“远离药物，除非遭遇极端情况”。

他的话是基于个人经验。柏拉图是运动员，尤其精通摔跤。他原名亚里斯多克勒斯（Aristocles），与其祖父同名，但据说带他的教练叫他“柏拉图”——源自希腊语“*platon*”，意为宽阔，因为他有一副宽肩膀。后来大家便沿用了这个称呼。柏拉图是一名优秀的摔跤手，据说还参加过伊斯米亚竞技会（Isthmian Games，类似于奥林匹克竞技会，是古希腊四大竞技赛会之一），并一直坚持这项运动，直至成年。他安坐在阿卡德米学园（Academy，雅典的运动场之一）里，极力宣扬运动和体育教育的益处。他认为体育和“智育”应保持平衡，应在“学习中锻炼智力”。目标是“将两者的张力调整到适宜强度，让它们达到和谐”。

换句话说，脑力与体力不分伯仲。

我们在天才运动员和表演者身上可以很容易地看到，

身体本身也能成为知识的来源——协调、优雅、敏捷、耐力、技巧——既可以是直觉的知识，也可以是习得的知识。“身体上的爱因斯坦”确实凤毛麟角，他们都是发明、表达、运用肢体的天才。编舞师马克·莫里斯和网球运动员塞雷娜·威廉姆斯不就是这样的人吗？

当代哲学家科林·麦金（Colin McGinn，自认是体育狂人）指出，体育教育应持续终生。他在《体育》（*Sport*）一书中写道：“我们喜欢让头脑充满知识、装满信息，也应该希望让身体具备类似能力。博学的身体是值得拥有的好身体。”

当然也有做过头的风险。再次引用《理想国》：“你是否注意到，终生致力于体育运动，其他什么都不考虑，会创造出某种思维？而忽视体育运动又会创造出另一种思维？”柏拉图重述苏格拉底的话。“过分强调体育运动会导致过度蒙昧，单纯的文学训练则让人过度软弱”。

即便我年轻时就坐在柏拉图脚边，我大概还是不会听劝。年轻时，好看和变强壮是最重要的事。我想那非常符合达尔文主义——为了吸引交配对象而让自己变大。但我当时并没有明确意识到这一点。我喜欢训练本身，喜欢竭力对抗阻力时的纯粹满足感。我追求伊万·巴甫洛夫（他爱好骑车、划船和游泳）所说的“肌肉愉悦”，多美的措辞。

现在依然如此。

我将手举过头顶，握住宽拉杆，准备做背阔肌（从两侧腋窝延伸到下背部的肌肉）下拉。轻轻坐在凳子上，身体前倾。我尽量把拉杆往下拉，做得很慢，几乎是在享受阻力。等拉杆触到中斜方肌，即背部中央的三角形肌肉，我再将它缓缓上移，直到手臂完全伸展。做完后我又做了一遍，这次稍稍加快，然后继续重复，再重复，直到做满 10 次或 12 次。我没有休息，而是马上调整了姿势——人向后仰，将拉杆置于身前，向下拉至中胸。我认为这个动作和卧推正好相反，是拉而不是推，用到的是背阔肌和斜方肌，而非胸肌。我在动作过程中看不到自己的背，这带来了部分的满足感。你必须在头脑里想象自己的肌肉，感觉肌肉的收缩，依赖感觉而非视觉。我在这组动作的最后改变了抓握方式——从宽握换到窄握，两手几乎挨着。我不断下拉，直到手臂和背力竭，然后休息了一会儿，又增加了重量。

与竞技家毫不相干

No Athlete

我们训练的既非大脑，也非身体；我们训练的是人，他不应被一分为二。

——米歇尔·蒙田（*Michel Montaigne, 1533—1592*）

我小时候不是运动员——不参加团队运动或学校里的体育活动，但运动能力还不错。如果我有点信心，本来也可以成为运动员。我的父亲上过西点军校，在朝鲜打过仗。他是伞兵。据他说，他在战斗中受了伤，弄瞎了一只眼睛，但即便如此，他还是继续跳伞，甚至夜跳到敌人的地盘。我现在好奇的是，他觉得最刺激的是哪个部分，是跳下飞机、浮在空中，还是撞击地面后又往上弹？回过头去看，我想，可以说他这辈子就是这么活过来的，而我在这一点上和他很像。

运动是他军人训练的一部分，也是他育儿训练的一部分——教他唯一的儿子长大成人。他教我游泳、滑雪、骑车、打球。我们在街上练习跑步，在车库里练习空击。他把我放到野餐桌上，向我演示伞兵该如何着陆。

父亲和母亲结婚时已经退役。1963 年，他在斯波坎买了一家可口可乐装瓶厂，买之前都没怎么去现场查看。斯波坎有因兰恩派尔地区中枢之称。这片地区囊括了西蒙大拿、北爱达荷和东华盛顿，斯波坎是其最大城市。父亲是该地区所有体育馆的汽水供应商，名字气派的斯波坎大体育馆（Spokane Coliseum）是其中最大的一座。作为供应商，他能免费观看所有体育比赛。我记不清我母亲和 5 个姊妹是不想去看比赛还是从未受邀（更可能是后者），反正她们都被留在了家里。我只知道我作为“酋长之子”，总是和他一起在看台上，手里拿着爆米花和橙味汽水，永远是一副心不在焉的表情，因为我一直都没有搞懂规则。我们看过棒球比赛、曲棍球比赛、游泳运动会、田径运动会、游艇展、车展、航空展、牛仔竞技表演。要是斯波坎有斗牛比赛，我和父亲肯定会坐在第一排。

星期天做完礼拜，他会带我去斯波坎体育俱乐部（Spokane Athletic Club）。我记得那些旅程的点点滴滴：汽车驶过卡姆斯托克公寓大楼，开到林肯街、门罗街，下车的瞬间，从停车场上楼去前台的样子，门打开的样子——

门后面是一块名为“Men”的私密空间。

斯波坎体育俱乐部的运动设施一应俱全：游泳池、篮球场、手球场、壁球场、跑道、体操设施（有双杠、吊环、跳马）、摔跤垫、动感单车、沙袋、拳击场、重训室、日光浴室。那是一座现代版希腊摔跤场，当时是1970年前后。

注意它的名称，不是健身房，是俱乐部。你不能一进门就加入会籍，你的申请要先被接受，通过审查，再被投票。“你属于那里”。那种归属感在我心里扎下了根。时至今日，它仍然和训练、运动紧紧相连，密不可分，尽管我现在的理解已经和当时不同。

成为斯波坎体育俱乐部会员也意味着你心里知道，部分人群会被拒之门外。我听说，当时没有犹太人或黑人会员。但也不是说斯波坎有很多犹太人或黑人。有少数生活在那里的，似乎也全都在俱乐部里工作，当女招待、厨子、擦鞋匠或看门人。按摩师是黑人，年老失明，彬彬有礼。俱乐部徽标上有个印第安酋长，但不用说也知道，斯波坎体育俱乐部里也没有斯波坎印第安人（斯波坎保留地在城外80公里的地方）。女士可以加入会籍，但一般都是以会员妻子或女儿的身份。俱乐部的会员制、理念和不成文规则在微观上反映了斯波坎的当地文化，但我只是在回首过往时才清楚地看到这点。10岁的我还没有太多阅历，并不了解（真正了解）一个地方的隔离程度能有多高。除了一点：我从小就知道，作为家里的男孩，而且是唯一的男孩，我有姊妹们无法自然享有的特权。毕竟，只有我有自己的房间，有新衣服穿（不是穿大孩子穿过的或家里自己做的），能做姊妹们做不了的事，即便我其实不想做。

在这一点上，斯波坎体育俱乐部和教会并无不同。这是个男士俱乐部，在更衣室尤为明显。那里有汗蒸房、桑拿房、按摩浴缸，似乎能毫无顾忌地光着身子。淋浴间旁总是高挂着干净毛巾，但大部分男人只是用它来擦干身体，然后衣服也不穿就直接一躺，最多就套条四角内裤。他们或打牌或看报，或在黑白电视前观看比赛。

星期天素来是我父亲和帕克医生打手球的日子。他会冲进更衣室，换下上教堂的衣服，而我就跟在他后面。更衣室里的锁柜有3层高，一排接着一排（感觉比教堂里的长椅还多），漆着游泳池底的那种水蓝色。那些只是名义上的锁柜，没人会真的上锁。里面的东西也和圣器室的衣柜差不多，都是装备，浸满了汗水、散发着汗臭的装备。换下西装领带，穿戴好护裆、运动短裤、运动鞋、T恤、运动衣、护目镜和手套。我敬畏地看着父亲向运动员变身。

体育赛事至少可以追溯至青铜时代。有证据表明，当时会举办摔跤和拳击比赛供克里特国王取乐，但我们如今的运动员概念其实是来自古希腊。体育比赛始于古代奥林匹克竞技会。首届古代奥林匹克竞技会举办于公元前776年，那实际上是单项竞赛，因为一开始只有一个项目——约200米长的短跑。一个名叫科罗布斯（Coroebus）的男人被冠以橄榄枝花环，加冕冠军。奥林匹克竞技会一直到17届后才加入铁饼、标枪、跳远和摔跤项目，不久后又加入了拳击等项目（团队项目当时也有，但从未被纳入体育比赛，古希腊人看重的是个人荣耀）。

当时的运动员和如今的运动员一样，也是用系统运动法（举重、跳跃、拳击、投掷、格斗、跑步）来训练比赛所需的力量、速度、技巧和耐力。这在某种程度上赋予了健身训练新的意义和地位，推动了运动的大众普及之路。这是对过去的背离，因为运动最初并不是为了竞技，更不是为了健康或美，而纯粹是为了备战——为了训练士兵，让其具备战斗能力。女性被排除在此类军事训练之外，只有一地例外——斯巴达。斯巴达是希腊独立城邦，出现于公元前10世纪。它在之后的500年里逐渐崛起，获得瞩目。斯巴达社会只关注一件事，就是战争。因此，社会期望妇女、女孩与男人、男孩一起训练。或是为了备战，或是为了强健体魄，生下有望成为杰出战士的健康男婴。

女性也不能参加奥林匹克竞技会，除非是以代理方式参赛（可以这么说），而且只能参加一个项目：如果足够富裕，女性可以拥有参加战车赛的马队。斯巴达国王阿希达穆斯二世的女儿库妮丝卡据说就有一支这样的马队，还赢得了公元前396年和公元前392年的冠军。她对此毫不避讳。为了纪念自己的胜利，库妮丝卡在奥林匹亚*竖了一座雕像，上面刻着——我敢说我是全希腊唯一赢得这一桂冠的女人。事实确实如此。直到1900年第二届现代奥林匹克运动会（由法国人皮埃尔·德·顾拜旦创立于1896年）在法国巴黎举办，女性终于首次获准参赛。

然而，几个世纪以来将妇女和女孩拒之门外的并非只有体育比赛。古代女性除了不能进入运动场，也不被鼓励（更别说允许）在公共场合参与任何有组织的运动。历史学家贝蒂·斯皮尔斯（Betty Spears）写道，对女性的期望

* 古希腊城市，公元前776年至前394年一直是古代奥林匹克竞技会举办地。

是“端庄、贞洁、顺从、低调”，锻炼身体或参加比赛则属于轻率之举。一些当代学者对此提出质疑，搬出“比基尼女郎”（Bikini Girls）镶嵌画等证据。该画是为一栋罗马奢华别墅（已被联合国教科文组织列为世界遗产）所作，年代为320年前后。画中描绘了一群身着比基尼的年轻女性跑步、举重、掷铁饼等的景象。这幅镶嵌画的确令人惊艳，但即便它果真是早期罗马帝国日常生活的真实写照，而非像某些学者声称的那样，是类似女神的女性在比赛中嬉戏、竞技的虚构画面，那它描绘的也是一个罕见的例外，一个只有富人妻女才能享受得到的例外。对于大部分女性而言，传统希腊理想中的美德只限于家庭艺术、育儿和家政，而不是达到某个高度的运动表现。

英语“athlete”（运动员）一词源自希腊语，其词源有两种形式：阳性形式意为竞赛，中性形式意为竞赛获胜者的奖励。所以“运动员”既象征奖品，也象征成就。根据记载，对该词的第一次使用出自荷马——它出其不意地出现在了《奥德赛》（*The Odyssey*）第8卷的一个喜剧场景中。

遭遇海难的奥德修斯来到费埃克斯人的国土，费埃克斯国王给予了他英雄般的礼遇。当地人宰了12头羊、8头猪、2头牛，举办了一场盛大的宴会。席间美酒不断，乐不可支。但当吟游歌手上台，用最热烈的歌喉唱诵起特洛伊战争，奥德修斯被感动得泪流满面。他试图掩住泪颜，但还是被人发现了。费埃克斯国王打断歌手，建议换个心情——进行“各种竞技”。于是，“许多高贵的年轻人”走了出来。光是他们的名字就将这一幕的欢乐推向了高潮：上桅帆、洪涛、用力划、海滩冲浪、宽海*等——“仪表和身材胜过所有的费埃克斯人”。他们赛跑、摔跤、跳跃、拳击、掷铁饼。比赛结束后，一名年轻人走向奥德修斯，向他提出挑战。

奥德修斯和年轻人的父亲年龄一般大，但仍属壮年。他请求离开：“我心中充满忧愁，无心参加竞技……”

年轻人打断他，嘲讽道：“客人，我看你不像是精于竞

*本书引用的《奥德赛》英语译本对这些人名采取了意译。由于费埃克斯人爱好航海，这里的一连串人名都与航海有关。在王焕生的《奥德赛》中译本中，这些名字分别被音译为阿克罗纽斯、奥库阿洛斯、埃拉特柔斯、安基阿洛斯和瑙波利特斯。为了获得作者希望获得的喜剧效果，译者也对人名进行了意译。此处《奥德赛》译文均引自人民文学出版社2020年版中译本，译者为王焕生。

赛之人，你……与竞技家（athlete）毫不相干。”

“与竞技家毫不相干”，这就相当于说他不是男人。

奥德修斯一跃而起，抓起一块铁饼——比之前用过的都重，威风凛凛地一掷，全场鸦雀无声。“年轻人，赶上那标记。”他笑着说道。

古代是否有主管体育的神，对此说法不一。有人说体育神是用眼泪和土造人的普罗米修斯，有人说是永远跑不累的赫尔墨斯。但我最近重读《奥德赛》后，开始觉得这位神明其实是位女神——雅典娜。故事结尾，当遍体鳞伤的奥德修斯终于回到伊萨卡岛，雅典娜向他妻子许诺，她依然会感受到他肉体的吸引力。女神让奥德修斯恢复了俊俏，使他“显得更高大，也更壮健”，宛若注射了一剂类固醇——“每周健身 4 小时”的功效顷刻达成。奥德修斯走出浴室，“容貌像不死的神明”。

我父亲并不是很高很壮，但通往手球场的门尤其小，他得弯下身子才能通过，这让他做了一秒钟的巨人格列佛。而我会爬几段楼梯，走到观众区。父亲和帕克医生在亮晃晃的白色球场上四处跑动，仿佛在跳一支经过精心编排的舞蹈。手球在墙上留下的黑色污点，仿佛自行车在我家车道上留下的刹车痕迹。球“啵嘤啵嘤”的回声，宛如放大了好几倍的竖琴声。他们时不时就打出一个高飞球：根据手球规则，这算死球。但我总是反过来看，认为那相当于棒球中的本垒打。我追到球，把球扔回球场。

“谢了，伙计。”他们回道。

无论输赢，手球比赛后父亲都像变了个人：汗流浃背，满脸通红，油光发亮的黑发向后倒着，出汗出到能在冷空气里看到他背冒热气。惊人倒是惊人，但也不算特别。夏天他会带我去赛马场，下注前我们先去马厩。他似乎谁都认识，马夫、驯马师一个不落。我后来才知道，并不是每个男孩的父亲都是这样。他和工人相处融洽，那个圈子和军队差不多（我这样猜想）。他的可乐工厂也有几十个工人：卡车司机、试味员、汽车修理工、生产线操作工、杂工。我不是说他是他们中的一员。相反，他在各种场合都是老板做派。但我记得，当刚刚离开跑道的马突然在我们眼前出现时，就连他都说不出话，失去了存在感。马来了，一匹接着一匹，景象壮观。但它们几乎不受控制，拼命喘着气，瞪大了眼睛，张大着鼻孔（和我的耳朵一般大），尾巴一撅就拉屎，闻上去一股汗臭味，尿量能顶10个人的尿量。所有马屁股后都升腾起团团热气。我呆住了。是马里有人，还是人里有马？我没有理由怀疑半人半马的存在。

打完手球我们会去游泳，这是我父亲真正重视的项目。他以前是西点游泳队队长。如果没打仗，没准还会参加奥运会。他最擅长的是蝶泳——对身体要求最高的泳姿。他的划水动作充满了力量，飞舞的手臂和倾斜的身体掀起的何止是涟漪，仿佛是整个浪头。全泳池的人都知道他在那儿——这是重点所在。我则在浅水区里翻着筋斗。

最后，我们回到更衣室，坐进桑拿房。在我看来，桑拿浴唯一像洗澡的地方是我们没穿衣服，只裹了条毛巾。那里的气氛让我惊悚，安静得像教堂一样，光线无比昏暗。我们这是该祈祷吗？桑拿房里的人有的仰卧，有的坐着。我和他们不一样的是，我一直睁着眼睛。父亲向后仰着头，汗珠淌下他的脸颊、脖子、毛茸茸的胸脯，在腿上聚成一摊。他看着像是睡着了，但其实没有。他每隔几分钟就会用手抹一把身体，再用汗淋淋的手掌拍拍滚烫的桑拿石。“嗞”的一声，一缕烟升起来，仿佛刚被吹灭的生日蜡烛。

古代人将运动员的汗水视为宝贵的商品。如果你是2000年前的我，看到我父亲把汗水扔到石头上，大概会想“真浪费”。运动员在比赛或运动后，会用刮身板（一种形如芹菜梗的专用金属工具）刮去身上积聚的汗和油，将其导入小罐子。这种混合物叫作“*gloios*”，想必很臭，但人们认为它非常珍贵。有人甚至会去浴室，从运动员靠过的墙上刮下碎屑，只因为那上面有运动员留下的汗渍。

迪奥斯科里季斯、老普林尼、盖伦等古希腊、古罗马作家都描写过这种行为。据老普林尼记载，角斗学校的教师曾以800塞斯特斯*的价格出售这些碎屑，相当于现在的数千美元。这或许难以置信，但古代的商业交易记录也证实了老普林尼等人的说法。

出售“*gloios*”是古希腊运动场的重要收入来源，是私人运动场在会员费之外不可或缺的额外收入。人们坚信“*gloios*”中含有“*arete*”（伟大运动员的标志：对卓越的追求）精华，所以将其用于医疗目的。你或许会想，运动员的汗水应该是被用于提高运动表现，但事实并非如此。它其实是被用于治疗人们最私密处最令人不适的隐疾——痔疮和生殖器疣。

现在回过头去看，我们当然会笑话这些做法，但现在有问题的做法也不少，足以举出100个不相上下的例

* 古罗马货币。

子——我们为了让自己更强壮、更苗条、更低脂、更金刚，为了减少健忘、减少皱纹、减少疲劳，为了更加年轻、更少悲伤而采取或尝试的方法，包括运动潮流在内。我和别人一样心虚。如果我认为把运动员的汗抹到身上会让我更加强健，那我也会那么做。

我和父亲有时会去看电影，就我们俩。看的都不是我想看的电影，不管我想看的是什么，可能是儿童电影吧。他不是一个为儿子着想的父亲。我们会看他想看的，母亲大概率永远不会和他去看的电影。他喜欢西部片、牛仔和印第安人题材、战争片、体育片，比如《西线无战事》（*All Quiet on the Western Front*）、《巴顿将军》（*Patton*）、《铁窗喋血》（*Cool Hand Luke*）、《下半生赛跑者》（*Downhill Racer*）、《猛虎过山》（*Jeremiah Johnson*）、《布利特》（*Bullitt*）、《大地惊雷》（*True Grit*）。

我们从来不看拳赛，但他带我去看了乔·弗雷泽和穆罕默德·阿里 1971 年的经典对决。拳赛举办于麦迪逊广场花园体育馆（Madison Square Garden），结束没几个月，讲述比赛的电影便上映了。不算是纪录片，比较像为电视制作的《体育大世界》（*Wide World of Sports*）特辑，只是后来在大银幕上进行了放映。影片在斯波坎市中心的福克斯剧院上映。如果我没记错的话，只放映了一场。我当时10岁。

我仍然记得剧院大厅的样子和气味：小卖部的爆米花和汽水，通往楼座的环形楼梯，引座员拉到边上的深紫色丝绒幕帘。他接过票，用手电筒领着我们走过过道。

当时我还不太知道穆罕默德·阿里及其故事，只是后来回想起来，才体会到了那场拳赛的意义。阿里原名小卡修斯·克莱。他在1964年赢得世界重量级冠军，不久后皈依伊斯兰教，并改了名。他以宗教信仰为由，拒绝应征入伍去越南打仗，于是被判逃避服兵役罪，拳王头衔也遭剥夺。

我父亲，一名忠诚的白人授勋军人，信奉爱尔兰天主教。还能有比阿里和他更不同的人吗？但他在剧院里，买到了他能买到的最靠前的座位，原因只有一个——观看一名优秀运动员为夺回拳王头衔而战。这是一场在两个黑人之间展开的20世纪角斗赛。

这不是一群普通的电影观众——周围再黑也显而易见。妻子、女儿、母亲通通留在了家，晚餐可以等。这是一群男人，斯波坎体育俱乐部的员工也在。他们或许已经在电视上看过比赛，但还想再看一遍；抑或之前错过了比赛。

但这是在电视上无法看到的画面。当时的电视还很小，顶多16寸。阿里和弗雷泽本来就是神话般的人物，但大银幕可以把他们变成巨人。

父亲靠过来，问我能不能看到屏幕。他嘴里有股苏格兰威士忌的味道——他的话、他的声音常常都是这个味儿。

我点点头。剧院安静下来。比赛开始了。

他们打了整整15回合。弗雷泽出人意料地获胜了。我们跟着人流涌出福克斯剧院，然后回了家。我已经记不起我当时的感觉。是着迷？害怕？抑或是为血、汗水、竞技的极致美感、舞蹈般的步伐感到兴奋。我唯一肯定的事情是，我心里某个地方对打拳的感觉充满了好奇。大约在40年后，我的机会来了。

拳手日记

A Boxer's Diary

古代的武器是手、指甲、牙齿。

——卢克莱修（*Lucretius*），

《物性论》（*On the Nature of Things*），公元前 1 世纪

3 月 13 日，星期四

我深吸一口气，走进了钛训练中心（Titanium Training Center）。那里离我旧金山的公寓只有 5 个街区，我路过上百次，但一直没勇气进去。那股刺鼻的汗味绝对错不了。这家健身房和我过去 30 年去过的健身房一点都不像。那是个铺着水泥地板的白色大房间，用荧光灯照明。里面有一个标准尺寸拳击台、一面镜墙、四五个沙袋，没有任何装饰。

柜台后面是个 30 岁上下的光头男，外貌、体格都像夜店保镖。我跟他打了个招呼，顺便咨询了一下课程。

他说周三有有氧搏击课，但我打断了他："我不是想改

善身材，我身材挺好。我想学拳击。”

他并不惊讶，这毕竟是个拳馆。

我直直看向他的眼睛，说道：“我是零基础，连拳击手套都没戴过，这辈子一个人都没打过。”

柜台后的壮汉没被吓倒。“我教你。”他说，“新手营周一开课，每周 5 次，持续 6 周。早上 6 点过来。”

3 月 17 日，星期一

我在早上 5 点 15 分醒来，去拳馆前刚好够时间洗澡、喝咖啡。天还黑着，冷飕飕的。我能看到星星。我在路上听了一首比约克（Björk）的歌，半首U2 乐队的歌，路上的时间只够听这么多。我不能迟到。肯（就是我昨天碰到的那个壮汉）告诉我，“要是迟到，哪怕是第一天，你就得下水——新手营第一大规则。星期五，在布兰南街和第一大道，当周迟到过的人”，他做了个跳水的手势，“跳旧金山湾”。

我提前几分钟到了拳馆，然后签到，把东西放到角落里，迅速扫了一眼其他学员——大部分是年轻男性，但也有五六名女性。6 点整，肯吼道：“开跳！”我们纷纷从墙角的桶里拿出绳子。没有音乐，没人说话，没有让人热血沸腾的欢迎词。只有25个受到轻微惊吓的人跳绳的声音。我闭上眼睛，那听上去像是雨打着铁皮屋顶。

但肯要听到暴风雨。“大家加把劲!”他喊道，“这不是星期天跳着绳子逛公园。再快点！你们又不是小女孩!”

我对小女孩的敬重之情很快便油然而生。她们跳起绳来还显得挺轻松的。

“好了，放下绳子！趴下，50个俯卧撑！1，2，3，4……”

脸对着脏地板时，我突然想起我以前来过这里。那是好多年前，这里还不是拳馆，是个二手书店。我和伴侣史蒂夫会在周日下午过来。每面墙前都立着天花板高的书架。还有移动梯，你可以爬梯子去拿摆在书架上层的书。

“……再做25个……”

前窗放拳击台的位置，以前是开放式办公区，摆满了摞着书的桌子椅子，还有一两只猫走来走去。那地方有点像垃圾堆，但书又多又便宜，而且比大部分图书馆安静……

“……100个仰卧起坐!”肯吼道。

做完后他让我们喘口气——想必他是指吸口气，因为没过几秒，他就命令我们出门街跑。我们跑了3.2公里。这还只是热身。回到拳馆时，整堂课还剩四分之三——大部分时间都在做柔软体操。拳击新手营第一课结束时，我全身关节都在痛，大汗淋漓到觉得自己是水陆两栖动物。

据说，人们很难在疼痛过后准确回忆起疼痛感。我现在觉得反之亦然——你也没办法提前想象出来。

3 月 18 日，星期二

拳击与身体息息相关——要使用身体，感受身体，全身上下每个部位；要激发出身体的力量和优雅。然而，拳馆里每个人的身体却都遮得严严实实，没有任何皮肤外露。保罗和肯轮换执教。他紧身长裤外套短裤，上身是长袖T恤，头上还戴着棒球帽。男学员大多都这么穿——运动长裤、连帽衫、针织帽。我昨天穿了无袖T恤和运动短裤，感觉实在过分单薄，于是今天换上了运动衫和更长更宽松的短裤。

一上课，保罗先演示怎么缠拳击绷带。拳馆事先通知过，要买 2.7 米长的绷带。这个长度的精确性让我着迷——不是 2.5 米，也不是 3 米，而偏偏是 2.7 米。这无疑是对这件重要装备测试多年才得出的最佳长度。我的绷带是红色的，仿佛已经染满鲜血。和布料缝在一起的松紧带松松的，好像包扎过太多扭伤关节，已经用过了头的Ace牌绷带。

保罗抖开绷带，先从左手开始：手掌 3 圈，手腕 3 圈，然后依次扣进指间。最后再一圈圈绕，一直绕到指关节。“这叫遮住马脚。”这显然是句老台词（他特地顿了顿，让大家笑出来），但还是把他逗乐了。接着是右手。他缠完后戴上拳套，咬住维克罗粘扣带，用牙把拳套扯紧，然后马上展示起组合招式。绷带和手套似乎让他像变了个人，赋予了他某种新力量。瞧他移动的样子，看上去就像个嘻哈舞者，正在适应节奏，铆足了劲，感受着，和着头脑里的音乐。

我把绷带缠得一团乱，马脚是遮不住了，但还能凑合用。保罗站在前面，向我们展示传统拳击姿势的分解动作：双脚并拢，双臂置于身体两侧；然后手举过头，像祈祷一样把双手并拢；接着降低肘关节，直到拳头降到脸前面。

“注意!”我们练习时他指示道，“看一下身体各部位所在的线——前臂背侧要和股四头肌成一条直线。明白了吗?”说完又演示了一遍。他的语气表明，这非同小可，不能匆匆糊弄过去，也不能干脆置之不理。

“注意线，”他轻声说道，几乎是在耳语，“注意线。”此时此刻，他仿佛不是拳击教练，而是某种解剖美学家。

“现在，手像窗户一样挡在脸前面，两眼直视前方。收手肘！好的，准备完毕。现在出拳！击碎玻璃。”

于是我们开始用拳头打玻璃：1，2；1，2——“砰!”

我在镜子里看到了自己的苦相。把这想象成瑜伽形式，只是比流瑜伽高了几个级别——暴力瑜伽。这样想会好一点。

1，2；1，2——“砰!”

我开始找到诀窍和节奏，但不是人人如此。我后来看到保罗在指导一个光挥肘，没有线，也没拳头可言的学员。“一口吃不成胖子，老兄。”保罗对他说道。我敢发誓，他的语气居然还挺和善。“这是一门语言，一门全新的语言。”他这样形容我们正在努力自学的动作。我们是这门古老语言的学徒。

3月26日，星期三

拳击运动最早时没有拳击台，甚至没有高出地面的平台。场地是用测杆在泥地上划出来的，就是这么简单——“开打吧”，《伊利亚特》（*The Iliad*）中埃佩奥斯和欧律阿洛斯的激战就是如此，“两人装束完毕，一起跳进圈心，他们临面站开，挥动强劲的臂膀，对打起来，你来我往，一拳拳猛击，牙齿被咬得咯咯作响，全身汗水淋淋”。*

* 本书引用的《伊利亚特》片段均出自人民文学出版社2015年版中译本，译者为罗念生和王焕生。

我们对早期拳击的了解并非来自拳手，而是大多来自工匠、诗人、哲学家、观众，即目击者。“拳击手”花瓶出土自古代米诺斯圣特里亚达（Hagia Triada）定居点，年代约为公元前1500年。花瓶上描绘了一名得胜的拳手，脚下是已经倒地的对手。两人都戴着紧贴头部的头盔，可能是皮革做的，手上也都缠着皮革带。

古希腊哲学家兼作家菲洛斯特拉托斯称，斯巴达人在公元前10世纪前后“发现”了拳击，其目的是训练力量和技巧，为在战争中肉搏做准备。这一标准将拳击和以健康为目的的运动彻底区分开来。柏拉图公开认可了这种训练方式，即便是在和平时期。他在《法律篇》中议论道：“如果由我们管理拳击手或类似运动的选手，我们会不经事先训练或练习，就把他们直接送去比赛吗？”当然不会。“（我们）会……训练、练习实战当天打算使用的所有方法，尽可能逼真地模拟真实战斗”。

对打时，我们会领到头部和裆部护具。后者用的是柔软的厚塑料，和米其林轮胎先生滑稽的超大号护裆很像。牙套和手套则是自带。然而，这些防护都是唬人的。我在报名新手营时没有仔细想过，有机会打人也意味着被打

（被打回来，如果我没有先挨打），而那不会不痛。事实证明，我在挨打上可是把好手。“砰！”

这，就是那个蓝眼睛、胳膊又长又壮的红头发高个子的好意。非常感谢。

“砰，砰，砰”：这一连串拳头也是一样，两下打在额头，一下打在侧脸。

那一刻，我几乎是在期待道歉。

我以为他会停下来慰问我一下。

但他没有。他什么都没说，连笑也没笑，就只是看着我。然后，“砰”，又给了我一拳。这拳打在头上，脖子根受到了冲击。那种感觉不是害怕——你要过一会儿才会感到害怕。我感到的是威胁。让肾上腺素涌入血液的正是危机感。

他完全是在照令行事。保罗早上一来就指示我们：“戴好装备：护裆、护头套、缠手带、手套，全戴上。然后两两搭档，开始对打。”没遵守指示的是我。我本该挡住红发男的拳头，像握棒球一样握住，就像保罗演示的那样。但他的拳套一飞过来，我就呆得什么都干不了。拳头的力量！

或许有人觉得，自卫和阻挡攻击是与生俱来的本能，但其实还有一种久经考验的对策，那就是逃——逃离现场。留下来战斗，真正坚持下去，是难学的一课，我还在学习。

“好，交换!”保罗吼道。

我换了个搭档，但不知道那是谁。我在课上见过他吗？那硕大的护头套让我看不清他的脸。他是亚洲人，身高和我差不多，所以接住他的拳头要容易些，因为他不会从上面向我施压。但我依然不知所措，于是我选择采取主动。“我们分解开来做吧，”我对他说，“你出拳，我防守。”

我们基本上就是在做慢动作。这很管用，我开始找到节奏，知道自己该做什么。不过，甚至就在我写下这句话的时候，我都知道我的问题在哪儿：我在试图回忆要做什么，回忆该怎么挡住拳头。可现场根本就没时间回忆。试图回忆的那一瞬，你让自己变得脆弱，让自己容易遭袭。比起回忆，你需要的是本能——肌肉、四肢和身体的本能；然后行动——保护自己，相信自己，战斗。

我想这也是我要在这里学习的课题——如何少沉湎回忆，多关注当下。人毕竟没法活在慢动作里，就像没法用慢动作战斗一样。真正严重的打击总是来得猝不及防。

4月6日，星期日

我一直想着柜子里的球棒。那是根黑色的棒球棒，史蒂夫把它保存在我们的衣柜里，放在柜门靠右的角落。

对他来说，那不是球棒，那是棍子，是原始的武器，类似《摩登原始人》（*The Flintstones*）中弗雷德会带的东西。球棒已经跟了他很多年。我记得我们刚同居时，他说那是他大学毕业后住在芝加哥时弄到的。一天深夜他步行回家，路上遭到抢劫。身材壮硕的他没有受伤，但受到了惊吓。从那之后他就想要件武器，万一有事发生——门口的陌生人，藏在消防梯上的小偷，诸如此类。他从没用过球棒，但知道家里有它在，就摆在老地方——他不用打开衣柜灯，也不用找眼镜就能拿起一挥，那带给他某种心安。宽泛点说，他也让我心安。然而有一天，他不在了。他曾经在这里，然后又不在了——消失得无影无踪，就像那家消失的书店。

一天早上，我被一阵巨大的动静吵醒，仿佛圣安德烈亚斯断层终于爆发了地震。一开始，我觉得史蒂夫肯定是做噩梦了。我想叫醒他，但叫不醒。我打电话求助，给他做心肺复苏，然后急救人员赶到。他们把他送进急诊室，但那时他已经去世——心脏病。这根本说不过去。他才 43 岁，各方面都很健康。前一晚没有任何征兆。我们去健身房健身，做了晚餐，然后看电视，在床上看书，对结局浑然不知。他满心期待着第二天早上起来把活干完。我之所以知道，是因为他的书桌上有张待办事项清单：检查电灯插座，买电池，买线，等等。我完全知道他是什么意思：检查客厅里的电灯插座，给车里的手电筒买电池，买线修椅子。

接下来的那几周，我把清单上的事项一一做完，然后坐下来给自己列了张清单——都是我想做但还没做的事。我先从简单的做起。我去了巴黎；买了相机，开始拍照；纹了文身，后来又纹了第二个、第三个、第四个。说实话，文身的墨水都够我列好几张清单的。最终，一年半后，我鼓起勇气，接受了一个难度更高的挑战——学拳击。

4 月 7 日，星期一

拳击新手营每天都是先做柔软体操，至少做半小时——跳绳、俯卧撑、仰卧起坐、开合跳、原地跑，往往还要户外跑。今天太阳还没出来，我们就离开拳馆去跑坡。有天早上，我们从格伦公园一路跑到双子峰（Twin Peaks）——5.6 公里的上坡，天又冷，雾又大，我希望我这辈子都不用再跑这条路线。古罗马历史学家韦格蒂乌斯曾说，跑步是最好的战争训练。我现在算是明白，为什么跑步会让你想杀人了。

上周二，我们集体跑去市政中心，然后绕广场跑圈、冲刺、训练、在草地上对打，前后练了 1 小时。这对体能要求很高，但我喜欢待在户外——待在空气清冽、黎明前的黑暗里，而且还是在市政中心前，搞得我们好像是在模仿洛奇。我表现得相当不错。算不上很棒——肯看到我短跑的样子就要纠正：“摆臂，比尔！你的胳膊根本没动！给我摆起来！”但我每次都能到达终点，跑满圈数，完成没完没了的深蹲、开合跳和卷腹任务，既没呕吐，也没像有些人那样半途而废。

回到拳馆，我则依旧挣扎。防守时总是退缩，不然就是过早行动，拳头还没过来就试图阻挡——这样也达不到防守目的。我总是想太多：“好吧，现在用哪只手挡？右还是左？”在那个瞬间，我把训练时学到的东西忘得一干二净。这没有逃过保罗的眼睛。他对我的状况一清二楚，告诉我哪里做得不对，向我演示正确做法。然后，总体上来说，对我感到失望。事实上，所有人都让他失望。

今天练到一半时，他让我们所有人脱掉装备，只留下缠手带。我们对着镜子，只练最基本的攻击动作——左右直拳连击。这是所有拳击动作的基础。它的动作是这样的：

向前迈步时出左拳，然后右脚落地，出右拳，同时转体。简单，对吧？别人会这么想，我当然也这么觉得。我知道动作该怎样做，但心里想的不是身体做的。不是出左拳时忘了迈步，就是出右拳时还没——

“比尔！该死！转体前右脚要落地！”我几乎为保罗感到难过，他看上去一脸厌恶。“到底要跟你说几次？”

但事实是，告诉我怎么做并不管用，那帮不到我，没法让我的身体立刻做出正确的动作。

4月11日，星期五

我学得不够快，是因为我年纪太大、记性太差吗？还是有诸多其他原因？进行肌肉记忆的毕竟不是肌肉，而是大脑，用到的基本就是幼年时学习运动机能（爬、走、攀）及“程序性记忆”（比如开车）的神经通路。这里的训练、对打、镜前练习，对动作和姿势的不断重复，对体能的关注，每天起床去拳馆反复练习，都是形成肌肉记忆的过程。就连拳馆里轰鸣的音乐都有一定帮助，因为音乐会激活与记忆形成相关的脑区。因此，重复播放某一首歌，或许有助于对某个动作的记忆。有那么多因素协同作用，我发现自己正试图找出其中最主要的那个。是重复吗？是对动作的模仿？还是说，将记忆印刻在神经化学物质里的，纯粹就是做对时的感觉——差不多就是一种情绪？

保罗说拳击就像微积分。“一开始根本讲不通，直到你突然顿悟，然后就懂了”。不，等等，我想他是这样说的：“一开始根本讲不通，直到你突然懂了，然后就顿悟了。”没错，就是这样。

这就跟禅宗公案一样，“一开始根本讲不通，直到你突然懂了”。

然后就——“顿悟了”。

今天我们练了整整 1 小时空击，然后做了训练和柔软体操。我站在靠前的位置，感觉自己和肯完全同步。我记得自己在做某组动作时看着他的脚，同时知道我的脚正在以同样的节奏移动，和音乐同步的节奏。我的身体已经有了记忆——这些组合招式、滑步、开合跳，一切都精准无误。

4 月 17 日，星期四

5 周过去，还剩最后 1 周。我确实进步了——我是说，我能跳绳，能挡住几拳，能撂倒别人，能完成训练和组合招式，能打沙袋，当然还能跟上所有跑步和柔软体操训练，也会缠拳击绷带。但即便如此，还是感觉和第一周一样困难。这和生活一样，不同的只是具体的困难。风险也变高了——新手营行将结束，压力变成了如何迅速进步。所有人都全力以赴，干劲更足。大家开始被打出血，出拳也越来越狠。这是最主要的——出拳越来越狠。

昨天和一个搭档对打时，我经历了可怕的一刻，于是开始认真思考我到底在干什么。他狠狠地打了我好几拳，打得我头昏眼花。我东南西北都分不清了，他却还在激我："来啊！来啊，老兄，放马过来啊！"我向他走去，他又抡来一拳，打在我两眼中间。这一次我倒在了地上。我爬起来，被激怒了。我把右拳套贴在脸上（我能感觉到它），等到他一记刺拳过来，我先是一个侧闪，然后摇闪到他拳下，绕着他不停迂回走动，一直动到这一轮铃响。他没能再打到我。

一点怒火——或许这就是我所欠缺的。

我也记住了保罗在某个早上说的话："它不是自然的本能——拳击不是本能。"他在镜子前来回踱步。"你的本能是挺胸，"他做了个示范，"抬头！"他看上去有点好笑，像只趾高气扬的孔雀。"但拳手，"他边踱步边看了我们一眼，看得大家都安静下来，"必须弯下身体，收下巴，低头，收肘，拳头放这儿。”他把拳头放到下巴。“拳手属于街头，老兄。他在找架打。如果你得罪他，”保罗飞速打出一记刺拳，“你会后悔。”

我认为我还没有达到那个级别（得再上半年新手营），但差不多能够想象到。

4月21日，星期一

新手营临近尾声，我面临的最后一项挑战是击打——用尽全力击打。我有肌肉，有技术，但总是退却。两位教练都注意到了这点，并为此感到沮丧："我要看到完整动作，比尔！出刺拳时，把胳膊推到底，把它打出来！"

击打的力量不是来自拳头，我现在懂了。力量应该来自整个背部和转动的躯干，也就是整个上半身。出拳时，随着手臂展开、伸出，力量应该通过手臂推出。这就是诀窍。当我尽量伸直手臂，把动作做对时，无论是空击还是打沙袋，出拳确实更有力度，清晰有力，又猛又准。但除了力量还有别的——某种优雅，一种线条美。这么说来，拳手的刺拳，堪比芭蕾舞者伸展的身体。但接拳就不能只靠技术，而是要先用脑。你得觉得自己能做到、想做到——需要做到，不得不做到。

今天早上，我和那个高高瘦瘦、全身刺青的家伙一起上了拳台。我们都穿戴好了全套防护装备。刺青男和红发男一般高，拳击经验也差不多（或者更有经验），但他的眼神不冷。他立即开始指导我。“进去，靠近点，你打，我来挡……”

我向他的躯干出拳。刺青男微笑着后退。“再来，”他说，“再用点力。这连轻轻一拍都不算。”

我滑步向他靠近，又击出几拳。

“不错，不错，再用力，继续。”

我照着他的指示继续，做得好了一点。打躯干的心理负担更轻，道理很简单：因为你打的不是脸或头——不是大脑。但他现在让我全力出击。

“打我。来吧，尽管打。”

我打了，直接瞄准额头。

“不行，再用力。”

我又打了一拳。

“好的，再重一点。打我的脸，用力。用尽全力打我的脸，老兄。”

这话你一辈子能听到几回？

“说真的？”

他点点头。我觉得我应该确保有目击证人。

好吧，不管了。我瞄准他的右颞叶，用戴着拳套的拳头打过去。我打了他一下一下又一下，但滑稽的是，我好像就是打得不够狠。这话有两层意思。一方面，我怎么都没法用尽全力打他——或许使出了八成力，但不是十成。我还是有点放不开。不想伤到他，打断他的鼻子，把他打晕或打出脑震荡。另一方面，他的眼神有点疯。他是真的喜欢挨打。我可能永远都没法狠到让他满意。

铃响了，换搭档。

我的新搭档是个粗壮的白人，棕色的头发里夹杂着几绺儿白发。我想保持和刺青男的节奏，于是冲过去，朝他身体打了几拳。我没有猛烈横击，而是直接击中目标，打得肾上腺素激增——这和神经化学或许根本无关，或者就这件事而言，和懂不懂根本无关。那只是自信而已，纯粹就是自信：摆脱智力或情绪束缚的本能，和双手脱离把手骑车一样。没有疑问，没有犹豫，没有回忆，没有尝试，只管行动——这就是我追求的效果。

那是一种爆发，身体的力量感，一具身体驾驭另一具身体。更棒的是，我的对手还在抵抗，他在试图与我搏斗。我能从他的身体看出来，能从头盔下他浸满汗水、涨红了的脸上看出来。他还在坚持，但看上去有点力不从心。还是说惊讶？他向后一退，吐出牙套。喘过气后，他说："你够兴奋的，老兄。"

我是很兴奋。

"好了？准备好了吗？"我说完便向他冲了过去。

图书馆迷

Library Rats

博学的身体是好身体。

——科林·麦金，《体育》，*2008* 年

见过维维安·纳顿后，我带着研究梅氏《体操艺术》的新线索离开了伦敦。纳顿博士的翻译是此书首个英译本，但不是首个译本，这毫无疑问。有个意大利语译本完成于1960 年罗马奥运会召开之际。40 多年后，一位法国当代学者出版了《体操艺术》批评版，其中附有部分法语译文。这位名叫让-米歇尔·阿加斯（Jean-Michel Agasse）的学者随后又以梅尔库里亚利的生活、工作为题，发表了若干学术论文。这些文章后来经过修改，投给了收入纳顿博士译文的书册。两人曾在该项目中密切合作，纳顿博士在谈话中多次提及他。我发现两人在方法上存在一定差异。“让-米歇尔·阿加斯比我更了解梅尔库里亚利，”纳顿博士承认

道，“他是真的一辈子都在研究梅氏。”他顿了顿，然后说道：“他是个梅迷。”

一锤定音——我知道我一定要会会此人。

有纳顿博士介绍在先，让-米歇尔·阿加斯很快就回复了我的邮件，快到让我吃惊（或许是因为邮件主题里写着“吉罗拉莫·梅尔库里亚利”）。他住在比利牛斯山上的小村子里——“最近的城镇在 80 公里开外，靠近圣女之城卢尔德。”他写道。但幸运的是，他马上要去巴黎待几天。

我那时的旅行方式类似于我的街头摄影方式——欢迎意外，相信直觉。于是我买了去巴黎的机票，计划借住在朋友位于圣日耳曼的公寓。

见面前一天，阿加斯先生发消息给我，建议在卢森堡公园附近的咖啡馆碰头。他补充道：“那，按照所有优秀间谍故事的脚本，我们该怎么接头？我（几乎）秃头，小胡子，戴眼镜，会穿白色外套。这些信息应该够了。”

我告诉他我会戴软毡帽和墨镜。

我在咖啡馆外找到让-米歇尔·阿加斯先生，他正坐在桌旁喝浓缩咖啡。我们寒暄了一番，互相熟络起来。我立马发现他非常“法国”，就像维维安·纳顿非常“英国”。

换句话说，两人都典型到夸张却不自知，无论是手势、举止、外表，还是独特的口音，甚至还有名字。如果说纳顿博士是现实版的契普斯先生*，那阿加斯先生简直就是从特吕弗**的电影里走出来的——深沉而富有诗意，优雅地佝偻在他那件松松垮垮的白外套里。

他告诉我，他在比利牛斯山区的高中教过多年拉丁语，但随着年龄渐长，他越来越疲于应付学生家长（总是比孩子更难搞），于是决定继续攻读博士学位。那差不多是15年前，现在他已是65岁上下。一天，他在一本有关“新拉丁语”（中世纪拉丁语的改进版，约1500年起开始大量用于学术出版物）的小书中偶然读到梅尔库里亚利，继而又发现了《体操艺术》——他的博士论文课题。“我打开书，心想我要做这个课题。我很爱书里的插图。”阿加斯先生腼腆地补充道。

“我也是。”我告诉他。

“我爱读连环漫画，我想这是一个原因。”他是阿

* 契普斯先生是英国作家詹姆斯·希尔顿（James Hilton，1900—1954）的小说代表作《再见，契普斯先生》（*Goodbye, Mr. Chips*）中的主人公。

** 弗朗索瓦·特吕弗（François Truffaut，1932—1984）：法国著名导演，法国新浪潮领军人物。

特·施皮格尔曼（Art Spiegelman）、克里斯·韦尔（Chris Ware）等当代漫画家的书迷，也深爱更传统的美国流行文化漫画:《X战警》《超人》《蝙蝠侠》《蜘蛛侠》。这些他都有阅读收藏。确实,《体操艺术》描绘的运动员肌肉鼓突，形象庄严，和超级英雄的世界毫不违和。

我之前了解到，梅尔库里亚利委托创作插画的艺术家名叫皮罗·利戈里奥（Pirro Ligorio），他是个复杂的人物。梅氏初到罗马为法尔内塞家族效力时就与利戈里奥结识，两人交情长达10年之久，但他们在许多方面都很不同。利戈里奥是个急性子的那不勒斯人，比梅尔库里亚利年长20岁。他的医生朋友天生擅长外交（要在罗马的精英文化圈和教廷圈生存，此为必备技能），而他在这方面恰恰有所欠缺，并因此失宠于教皇府。他后来得到了费拉拉公爵宫廷的庇护，然后在1572年前后收到老朋友的来信。利戈里奥的绘画动态十足。得益于此,《体操艺术》在两人作古后依然留存于世。这在某种程度上是他们都没有料到的。

与我不同的是，阿加斯先生并没有停留在利戈里奥的图像上，而是立刻读起了梅尔库里亚利用拉丁语写就的文本。他发现这些文字与他的诸多学术及个人趣旨相符，让他很有共鸣。“从很久很久以前起，身体就是我真正感兴趣的东西。拥有身体意味着什么?”

阿加斯先生告诉我，他的父母都是医生，所以他或许遗传到了某种好奇心。然而，他年轻时对身体的兴趣与临床无关——他永远无法想象自己像我一样学解剖学、解剖尸体。他的兴趣是哲学上的。他练过瑜伽和冥想，还曾旅居印度，拜师学习。20 世纪 70 年代，他在游历美国时接触到了原始尖叫疗程和会心团体，也都悉数尝试。这部分是因为时代，部分是因为教养。“我成长于天主教环境。小时候我就觉得，身体完全遭到了遗忘，被撇在了一边。我想，这么多年来我一直在寻找自己的身体。”

研究梅尔库里亚利为这项探索提供了历史视角。中世纪人看重灵魂，即人的精神生活。希腊人所崇拜、理想化的身体此时更多被视为罪恶的载体。运动则被认为是自我放纵。然而，随着 14 世纪人文主义的兴起，这一状况发生了改变。阿加斯先生解释道:“他们摆脱了天主教会的黑暗视角，看到了身体的美。”就像希腊人一样。“呵护自己的观念，也就是个人意识，开始回归”。而且不一定是以纯世俗的方式。“它和人与上帝的关系联系在一起。”他这样说道。在这样的背景下，梅尔库里亚利对运动的热情便显得更加顺理成章。

但阿加斯先生明确表示，即便如此，梅尔库里亚利还是不得不谨慎行事。1545 年，特伦托会议召开，开始着手处理马丁·路德强烈要求的宗教改革。梅尔库里亚利开始写作时，会议已临近尾声。他必须让书符合教会当局的要求。值得注意的是，梅尔库里亚利的专著并没有融入太多天主教教义。这并不表示此书是世俗作品，而是说它首先是医学文本。作者引用了数百份与运动、卫生、身体相关的资料，而《圣经》并不在其引用之列。

鉴于梅尔库里亚利与红衣主教法尔内塞的关系，使用梵蒂冈图书馆想必对他不难。这座图书馆在当时还算“年轻”（成立不到百年），但馆中古希腊语、拉丁语、希伯来语的手稿收藏量已是名列前茅。奥古斯丁派僧侣兼学者奥诺弗里奥·潘维尼奥（Onofrio Panvinio）时任法尔内塞家族图书馆管理员，他为梅尔库里亚利采购书籍，以这种方式为后者的研究提供了帮助。[法尔内塞图书馆坐落在宏伟的法尔内塞宫内，离红衣主教的官方宅邸——气势同样恢宏的文书院宫（Palazzo della Cancelleria）——只有几步之遥，梅尔库里亚利当时也居住在文书院宫内。] 此外，梅尔库里亚利本人也酷爱藏书，甚至还向同僚坦承自己“爱书成癖”。

梅尔库里亚利退休回到弗利时，他的私人图书馆藏书已达1200册左右，主要是医学文本，所有书籍都经过了仔细编目。然而，阿加斯先生告诉我，这些书已经消失已久。他曾耗费数年追踪书的下落，最后以无果告终。“这些书似乎无影无踪。你会觉得书上会有标明归属的标记、印章，诸如吉罗拉莫·梅尔库里亚利藏书。”他怀疑所有书都已销毁，比如在拿破仑军队进入意大利北部时被毁，但谁知道呢？“又或许，它们正沉睡在某个不知名图书馆的某处。”他带着希望的微笑说道，“这是个有待解开的谜题。”

他说起话来像个侦探，其实他的确就是。阿加斯先生有空时爱写侦探小说，他当然不会把时间用在健身上。和维维安·纳顿一样，研究翻译《体操艺术》对他的日常运动毫无影响。他偶尔滑雪，这是没错，夏天也骑马，但仅此而已，而且他也不爱好体育。“我喜欢做‘*le rat de bibliothèque*’，英语怎么说？‘图书馆迷’，类似这个意思。拥有旧书是一种感官体验。对我来说，我第一次有这种体验是在梵蒂冈图书馆里——”

“——和梅尔库里亚利一样。”我说。

阿加斯先生点点头。“我记得拿到那些16世纪的资料时，那种物质性让我十分触动。能翻开那些书页，知道它们已经有500年历史，还是由别人亲笔所写。书里面有写作者身体的痕迹，有不同经手者身体的痕迹。那感觉就像静静捧着那些人的身体，捧着他们手上的油脂和汗水。”

我和阿加斯先生走出咖啡馆，同行几个街区后，在索邦附近告别。他一头钻进一家专营哲学和精神分析类书籍的小书店，我则去了橘园美术馆（L’Orangerie），我最爱的美术馆。那里是莫奈8幅《睡莲》的安居之地。两间连通的圆形展厅内，8幅画作沿墙排开，让人感觉像是置身于一座印象派水族馆。

来橘园不光是为了受莫奈熏陶，也是为了做点意大利医生朱利奥·曼奇尼（Giulio Mancini）建议的适度运动。曼奇尼是梅尔库里亚利的追随者。他出生于1559年，是医务工作者，但也兼营艺术——他是一名精明的艺术品经销商，其代理画家中以卡拉瓦乔（Caravaggio）最负盛名。他提倡参观画廊，认为这是一种集身体、灵魂和思想娱乐于一体的方式。他还认为美术馆是在密闭空间漫步的理想场所。这一概念并非新生事物。古希腊时就已存在与公共和私人空间融为一体的散步专用柱廊。英国人罗伯特·伯顿（Robert Burton）是曼奇尼的同时代人。他在首版于1621年的大部头著作《忧郁的解剖》(*The Anatomy of Melancholy*)中，建议用学习艺术（以及地图、珠宝、古董或任何美丽的物品）来化解悲伤。用伯顿的话来说，“在室内运动或能放松大脑的室内娱乐活动中，没有比学习更通用、受众更广、更适合排遣慵懒和忧郁的”。梅尔库里亚利本人也倾心支持步行这种理想的运动方式，尤其是在植物葱郁的户外环境中散步。他认为看到花草树木确实能够“养眼”。身为罗马多位红衣主教私人医生的曼奇尼则将梅尔库里亚利和伯顿的处方结合了起来。

对曼奇尼来说，风景画是这种运动方式的首选媒介，因为风景画能让人身临其境，带来超级体验。莫奈的《睡莲》其实并不完全属于这一体裁，但我相信曼奇尼医生还是会予以首肯。我在橘园美术馆的圆形展厅悠闲地逛了两圈（相当于走了几个街区），然后下楼去了更大更长的长方形展厅（满是各种印象派画作），接着又回到楼上。我在每间房里都坐了一下，一轮、两轮，刚想走，又旋回来开始第三轮，心里清楚我可能在未来好几年都不会再来橘园。这一次，我尽量走近墙壁，没有看画，而是研究起了画布和画框交界的地方。我惊讶地发现，莫奈一直画到了最边上，甚至画到了金色的画框上，仿佛要将所有空间填满色彩。如果你凑近看，或许还会感觉凌乱。毕竟，他本可以把画框擦干净，但他没有。我心想：那才是作画，那才是生活——前进到底。如果必须弄乱，那就弄乱吧。只是别留空白。

我走出美术馆，漫步在巴黎街头，走了1小时，1小时又变成2小时。太阳开始下山，我感到筋疲力尽，口渴得不行，于是在玛莱区走进一家酒吧。意外之喜是，酒水全部免费，因为那里在举办艺术展开幕式（我心想，这是另外两种娱乐方式的结合）。里面挤满了人。

酒保像极了年轻时的大卫·鲍伊。他问我在巴黎干什么，我试图向他解释。要么就是词不达意，要么就是太吵，因为他以为我说我在写一本有关驱魔史的书。

“啊，那你和琳达·布莱尔*是好朋友啰?”他一边推给我半品脱啤酒，一边漫不经心地问道。

*琳达·布莱尔（Linda Blair，1959—）：美国女演员，出演过《驱魔人2》（*Exorcist II: The Heretic*）。

决斗

A Duel

我们由我们不断重复的行为塑造。

因此优秀不是行为，而是习惯。

——亚里士多德（公元前 *384*—前 *322* 年）

梅尔库里亚利无法推荐某些运动形式，是因为它们还没发明出来——有氧运动、普拉提、在跑步机上跑步。还有一些，比如摔跤和拳击，他则抱着不难理解的疑虑：它们对健康的潜在危害可能远大于益。但有一项活动，他无法推荐，甚至也无法多着笔墨，是因为其最极端形式遭到了特伦托会议的谴责。那就是击剑。

西方用剑训练、战斗的传统发展于青铜时代（约始于公元前 3200 年），城邦和第一批文字系统的兴起也是在同一时期。古代兵器比较简陋，我们能在博物馆里看到一些，但我认为它们还停留于物品层面，只是在博物馆这样的环境中蓄积灰尘，既无生气，也无“血色”。而在荷马生机勃勃的虚构世界里，剑枪斧盾几乎好比配角，让人莫名地更感真实。这一点在《伊利亚特》中尤为明显。《伊利亚特》成书于公元前8世纪中叶，故事背景则是再往前推大约5个世纪的特洛伊战争。英俊的帕里斯诱拐了斯巴达王墨涅拉奥斯的妻子海伦，整部死亡史诗由此展开。故事开始不久，帕里斯向“最英勇的希腊人”提出决斗挑战，获胜者将得到有“花瓶妻子之最”之称的海伦作为奖品，战争也将随之结束。还有谁比墨涅拉奥斯王更该出来接受挑战的吗？事实上，他简直是从战车中一跃而出。帕里斯脸色煞白，赶紧退回人群。但这时退缩已经为时太晚。

两军退后观战时，帕里斯“立即在肩膀周围披上漂亮的铠甲，他首先把胫甲套在腿上，胫甲很美观，用许多银环把它们紧紧扣在腿肚上；再把同胞兄弟吕卡昂的精美胸甲挂在身前，使它合乎自己的体形；他又把一柄嵌银的铜剑挂在肩上，再把一块结实的大盾牌背上肩头，一顶饰马鬃的铜盔戴在强壮的头上，鬃毛在铜盔顶上摇摆，令人心颤；他手里拿着一把很合用的结实的长枪。尚武的墨涅拉奥斯也这样武装起来”。

帕里斯抓阄赢得了首轮先掷权，他竭力掷出一枪。墨涅拉奥斯成功挡开，然后也掷出长枪。这一击险些得手，他随即向前猛冲，用他“嵌银的铜剑”刺向帕里斯的铜盔。墨涅拉奥斯已在胜利边缘，不过时机尚未成熟，众神另有安排：宙斯让剑碎裂，阿芙洛狄忒冲入现场。她救走帕里斯，将他带去与海伦同床。这场战斗也因此愈演愈烈。

《伊利亚特》后最早对现实斗剑（相对于神话）展开讨论的作品包括罗马史学家韦格蒂乌斯的《论军事》(*De re militari*)，又称《兵法简述》(*Epitoma rei militaris*)。这是一部以罗马军事训练和军事策略为主题的4卷本著作，手稿可追溯至4世纪末，但首个印刷版本要到千余年后才得以问世。韦格蒂乌斯全名普布利乌斯·弗拉维乌斯·韦格蒂乌斯·雷纳图斯（Publius Flavius Vegetius Renatus），可以说是军事训练领域的梅尔库里亚利——他主要参考古代资料，但描述的又似乎是他那个时代的真实军事操练，而他自己也是参与者。他写道，对着柱子练剑或与其他士兵一起练习击剑，两者都能作为备战方式。他还写道，比起砍，罗马人更喜欢刺，因为盔甲和骨头可以抵御砍击，而刺伤却能因直接刺穿重要器官致命。这后来在文艺复兴时期成为意大利及法国击剑流派的核心策略。

在意大利作家巴尔达萨尔·卡斯蒂廖内（Baldesar

Castiglione）看来，无论战场内外、贵族骑士，击剑知识都必不可少，且是成为理想绅士的标准。出版于 1528 年的《廷臣论》（*The Book of the Courtier*）是一部影响深远的作品。他在书中写道："我希望我们的廷臣体格强健，四肢匀称。我希望他们展现出力量、轻盈、柔韧，擅长所有适合战士的体育运动。我认为，他们的首要职责是精通各类武器……尤其要了解绅士常用的百般武器。因为且不说战争需要，两位绅士或许会在考虑不周时产生分歧，决定决斗，而决斗往往会使用手边的武器。因此，为了安全起见，了解其使用方法非常重要。"

这听起来很有绅士风度，莫名有点空泛。但我们不要忘了，决斗的目的不仅是赢，更是置对手于死地。荣誉问题引发的决斗在 15 世纪末大幅增加，以至于特伦托会议开始制定严惩措施。会议裁定，"魔鬼创造决斗，是为了在毁灭灵魂的同时，让肉体因暴力死亡。这一习俗可憎可恶，应从基督教土壤彻底根除"。根据会议决议，决斗者将被自动逐出教会，在决斗中死亡者不得以基督教仪式安葬。

击剑在这些裁决的影响下发展成为一门技艺——一门武术技艺。它历经数世纪变迁，从军事训练演变为一项高深的运动，并最终成为现代奥运会项目，在高中大学的竞技体育项目中自然也占有一席之地。击剑被视为全身性运动，尤其会用到手臂及腿部肌肉。但要想成功“击中”对手，还需要思维敏捷、审慎入微。这也正是击剑与拳击、摔跤、柔道等格斗项目的不同之处。击剑是在“用身体下象棋”，这一说法恰如其分地突出了这项运动的特点：它是体力与脑力的双重运动。

早在16世纪、17世纪，击剑娱乐在北欧国家蔚然成风（当然，仅限于男性），参与者更像是美学家，而非战士。这个阶段的击剑与印刷书籍史产生交会，诞生了一些插图丰富的精美作品。一本出版于1630年的古怪剑术手册堪称其中的佼佼者。这本名为《剑术学院》（*Academie de l'Espée*）的书用法语写就，作者是击剑大师，署名相当花哨：热拉尔·蒂博·当韦尔（Gérard Thibault d'Anvers）——仿佛《三个火枪手》（*The Three Musketeers*）中的人名。（他精心设计的名号，以及书的写作语言，让人误以为他是法国人，但他其实是尼德兰人。）这位作者在他的杰作（一部长篇巨著）完成前便撒手人寰。他的传世之作极其精美昂贵，而且篇幅极大，因此只进行了小规模出版，如今已很难找到。我获悉巴黎的公共图书馆藏有一册，于是那天见过让-米歇尔·阿加斯之后，便前往寻书。我的目的地——法国国家图书馆（Bibliothèque Nationale de France）。

说它是图书馆似乎不太合适，叫它图书馆群会更准确些。那是两栋庞大的高楼，采用现代主义风格，中间隔着个硕大的广场——很适合用来决斗，我不禁想到。两栋楼看上去一模一样，也没有指示牌清楚地指出区别。我不知道应该去哪儿，便随便挑了一栋走过去。入口在一条人行长坡道的尽头，下坡的过程让人百无聊赖。安检后我去了3楼历史部。门关着，一名保安坐在门前。她用法语严肃地说了些什么，听上去似乎超级重要——这一点我立刻就领会了，但我花了好几分钟，猜了好一通哑谜，才明白她是在说进馆需要借阅证。完全合理，但我走错了楼。“东，”她连说了五六遍，声音一遍比一遍大，好像我听不见似的，“东，东，东，东！”

“东，啊，东，我明白了。”

我走出大楼，又从人行坡道走上去，穿过大广场，走进了另一栋楼。

过完安检我走向服务台，那里坐着一位女士。我事先在图书馆在线目录打印了击剑书的书目详情，便将纸递给她。她仔细瞧了瞧，又眼神尖刻、将信将疑地看着我。“为什么?”她问道。就说了这么一句。她在电脑上打起字来，好像比起听我的答案，她手头的事要重要百倍。

我告诉她我在做研究，课题是运动，又说了些那本击剑书的事。她停下打字的手，再次将信将疑地瞅了我一眼，不是因为听不懂英语——她显然听得懂。她看上去更像是不明白我在说什么，或者不在乎。“运动？击剑?”但无论如何，她还是告诉了我该怎么去研究办公室——在书店附近。她含糊地往东面指了指。我道过谢，便转身走了。

“祝您好运。”她冷冷说道。

我没在书店附近看到办公室，于是继续找着。我沿着空无一人的走廊（至少有半个街区长）走啊走啊，心想它随时都会出现，再说这时掉头也已经太晚。我转过弯继续走，开始莫名地感到疲惫。然后，亚里士多德，或者说一本被归到亚里士多德名下的书，突然跃入脑海。

“为什么在平地长距离行走比在崎岖地面更累？但短距离却更轻松?”他在《问题集》（*Problems*）中问道。“是因为长时间剧烈运动产生了疲劳吗?（那）为什么当我们不知道路有多长时，路会显得比我们知道时更长？是因为知道长度便知道了数量，而无限总是大于有限吗?”

事实证明，我有充裕的时间来思考这个问题。这些走廊似乎无穷无尽。掉头回去已经没什么意义，于是我开始思考走路本身，试图借此转移注意力，摆脱那隐隐约约的无意义感。梅尔库里亚利称：“如果有哪种运动最值得注重健康者追求、练习，那无疑一定是走路。”然而，他指出，“只有少数人真正懂得”其原理。

或许有人觉得走路是最简单的运动，但事实并非如此。那些需要重新练习走路的人一定有此体会。每个行走周期都有下身20多块主要肌肉的参与，一个周期是指同一只脚连续两次触地的瞬息间隔。走路远不止向前运动这么简单。曾有物理治疗师这样对我说过：“把走路想象成一系列跌倒未遂。”臀部、腿部、脚部的肌肉在防止我们摔倒的同时，也在让我们不断移动。腘绳肌（大腿后侧强壮的长肌肉群）在这里起到了主要作用。脚跟落地的那一瞬，腘绳肌由于“抑制”髋关节活动而达到活动顶峰。然后股四头肌（由4块肌肉组成，也称大腿）开始收缩，对身体施加在膝关节上的负荷进行控制。

大约25分钟后，我发现自己正在走向服务台和那个祝我“好运”的女人。我绕着整层楼走了一圈，却还浑然不知。这听上去有点蠢，但我实在没法面对她，因为我没有听从她的指示。我试图从她旁边溜过去，但图书管理员可是太熟悉“溜”这个动作了，几乎没什么能逃过他们的眼睛。我抬头时，她正越过电脑显示器看着我。我们四目相对，她冷冷的声音在我脑中响起：“为什么？为什么？为什么？”

我低下头继续往前走，突然瞅到个面相和善的保安。我给他看我的纸，解释了我的困境。他离开岗位，带我去了研究办公室——确实就在书店附近，如果“附近”的意思是“后面”。那里一块指示牌也没有。他用法语向桌子后面的女士解释了我的需求。我谢过他后他便走了。我坐下来，对面是位头发灰白的老太太，穿着条灰色花纹的连衣裙，款式很简洁。我朝她笑笑。“您会说英语吗？”

她用一种类似怜悯的眼神看着我，没说话。她接过我的纸，仔细看了看，然后说了一大串法语。在我的记忆中，她简直就是从桌上探过身，凑到我面前说的这番话。她当然没这样，也不可能这样，但感觉就是那样，因为她话语的力量。

我看着她，感到内疚和不知所措。“抱歉，实在抱歉！”如果可以，我会向全法国人民道歉，因为我不会说他们的语言。她拿起一张表格——看起来像件道具，再次吐出一串法语。我接过来，看不懂，但我猜是问我的姓名、地址之类的。我把填完的表格还给她。她又漠然地看了我一眼。

最后，一个英语单词蹦出来："Why？"

就是说啊，为什么？我开始问自己。我本人从没对击剑很感兴趣，因为使用武器（其实就是刀）让我反感。出于同样的原因，我对射击、射箭也一样不感兴趣。如果我必须战斗，我宁愿徒手搏斗。然而，寻找这本珍贵的书已经成了让人欲罢不能的挑战，我必须坚持到底。

"我是作家。"我答道，面带贴心的微笑，"研究，书，运动的历史。"

她和她服务台的同事一样，什么也没说，只是面带疑惑。

"体育？"我补充道，试图找到相通的词汇。

她不耐烦地摆摆手，打起字来。我这才放松了一点。我坐回到椅子上，环顾四周，然后自言自语："这座图书馆真了不起，真了不起——棒极了！"完全忘了她不懂英语。

穿着灰衣服的灰发女士停下手头的事，抬头看了看。她直直看向我，表情稍稍柔和了些。"啊，可你们有纽约图书馆。"她用纯正的英语说道。

我大吃一惊。"没错！其实……"我把手伸进包里，拿出纽约公共图书馆的棒球帽扣到头上。她看着帽子和我的傻笑，大笑着点点头。"那请吧！"她示意我看右上角的小摄像头，替我拍了照（脸上带着灿烂的微笑），片刻后就把借阅证递给我，还仔细讲解了接下来的步骤——付费、寄存外套之类。我友好地道过谢，便按她的指示办事去了。于是我又回到了服务台女士那儿。她打量着我，仿佛在说："又是你？"

我没说话，只是把法国国家图书馆的红色借阅证往服务台上一放。胜利。她拿起来仔细端详，先看看照片再看看我，再看看照片，然后又看看我。我静静等着，脸上挂着和照片里一样的傻笑。"那行吧。"她终于说道。她拿出图书馆地图，开始替我画路线。我终于又缓过了劲。我仔细听着服务台女士的一字一句，在她画路线时紧紧盯着她的手指。那条我即将踏上的路线着实有点复杂。最后，她终于画完了。"祝您好运。"她小声道，语气和之前一样冷。

我离开那儿，穿过旋转门，乘自动扶梯下楼（跟伦敦地铁站里的自动扶梯一般长），接着再穿过一条走廊才走到目的地。那是我见过的最气派的房间，大标识上只有一个字母T（"是Temple，也就是庙堂的意思吗？"）。我蹑手蹑脚地走到有4名图书管理员坐镇的高台前。他们个个看起来全神贯注，仿佛正在准备某种仪式的牧师。我匆匆扫了他们一眼。其中一人穿着白衬衫，衣扣一直开到很下面，露出了胸前的金色圆吊坠，头发上抹了发胶。我径直向他走去，给他看了书目信息。“啊，没错，亲爱的，这边走。”他一边柔声说道，一边离开座位，将我领到几扇钢制门前。门上有一排字：珍本藏书区。

“从这儿进去，乘电梯到L-3。”他说完又重复了几遍，“L-3，L-3，3。”

“好的，3。”我一边重复道，一边向他伸出3根手指，表示我听懂了，“谢谢，太感谢了。”我准备去推第一道门，但又停住了手，突然感到迷茫和不知所措。我看着他，一脸诚恳地说道：“我要是迷路了怎么办？要是我再也找不到出来的路？”

他看上去有点蒙，说道：“我们会去找你的。”

他的话没有立刻起效。

“来吧！”他做了个手势，仿佛在说，“行啦，快点，没时间啦！”

我推开第一道门，再拉开第二道，接着乘电梯去了L-3。

“L-3，”我喃喃道，“L-3，L-3，L-3……”

门后面是个空门厅，那里还有一扇门。那扇门上了锁，但不一会儿，门便“咔嚓”一声自动打开，映入眼帘的是一间豪华舒适、无比安静的阅览室。我深吸一口气。就快到了，我感觉得到。光是借阅这本珍贵的书、在这座巨大的图书馆里找路就几乎花了我一整天，还磨炼了我的吵架技能——我都不知道我还有这技能。我拿出已经皱皱巴巴的纸给图书管理员。他仔细读过后给了我一张表。我填完交给他时，他说："您是22号。"他递给我一把钥匙，让我把随身物品（便签簿、铅笔、笔记本电脑）放到书桌下面的柜子里。"您有半小时时间。"他低声道。现在是5点，这间阅览室是五点半关门。

我在22号座位坐下。面前的桌子擦得锃亮，仿佛是红杉木做的。这张美观的桌子旁还围坐着5名读者，全都在研读放在红色天鹅绒阅读架上的古籍。感觉这地方像座奢华的修道院。奥诺弗里奥·潘维尼奥肯定会把这里当家一样，惬意地读着图文并茂的手稿。不到2分钟，一阵窸窣声突然打破寂静，仿佛鸟儿扑扇翅膀或小鹿飞奔而过的声音。我的右眼余光瞥到有人过来：一个将近2米的彪形大汉，长着一头棕色长发和一把大胡子。他刚才没和其他管理员一起坐在前台。他身穿深色衣服，款式简洁，宛如从中世纪穿越过来的骑士，只是没穿铠甲。他手里是本长约90厘米、宽约105厘米的大部头。

我自忖这是否是他唯一的职责：只有个头非常大的人才能拿得动这么大的书。

他径直朝我走来，目光犀利，仿佛认出了我一般，然后小心翼翼地把书放到红色天鹅绒阅读架上。他用和脸一般大的手将大部头翻到中间，向后一退，微微动了动，仿佛是在鞠躬。他自始至终都没说话，我则轻声说了句“谢谢”，接着他便离开了。出类拔萃！我等了这么久，碰了这么多钉子，想看的书却在百秒内就送到了手里。我向办公桌后的图书管理员望去，好奇会不会在他们脸上看到狡诈的微笑，仿佛在说“恭喜，您做到了，我们只是在考验您”。但他们都在专心工作。或许几个小时前我刚进图书馆时，他们就把书给我留好了。我永远都没法知道。

我花了点时间消化这段经历。找到书、成功实现目标让我有种胜利感，但那种沾沾自喜的感觉很快又转变成一种特权感。能置身此地，有机会在这座城市、这座图书馆、这间阅览室、这张桌子前看到这本有着400年历史的非凡古书，我是何其幸运。我感到无比陶醉。然后我闻了闻。我俯下身，想闻闻书的味道，却什么也没闻到：这表示书保存得很好，没有任何霉味。所有的安全措施，所有的未雨绸缪——这些我前进道路上的绊脚石，现在看来全都值得，只要能保护这些稀世珍本。

我很紧张，手心里全是汗。我蹭蹭牛仔裤，把手擦干，戴上桌上备好的白色棉手套，这才开始翻书。时间只剩下25分钟，我用得颇为珍惜。全书共有33张跨页，我一张不落地探究着每一个角落。这本书是专门讲解如何用护手刺剑（一种剑身细长锋利的双刃剑，盛行于16世纪、17世纪）战斗的详细“教程”，配有精美插图。每张跨页上的剑客都穿戴着不同时期的装束，包括古希腊、古罗马、中世纪和文艺复兴时期，所以这本书看起来更像是一部奇特的历代服装史。

但别误会——这是一本异常严肃的剑术书，事关人命，而非美观。就差没画上刺着剑的尸体了。一张跨页接着一张，画中人似乎正经历着一场完整的决斗。画风一丝不苟，仿佛将舞蹈电影分解成了单帧图片一般。作者使用了一种复杂的理论，通过假想圆（他称为“神秘圆”）将几何学应用到了击剑步法中。我没能立即看懂，但书的制书工艺无可置疑。热拉尔·蒂博·当韦尔没能在有生之年见到《剑术学院》付印，这实属遗憾。

五点半时，我小心合上书本，从座位起身离开。我通知管理员我已经结束，拿回东西后便原路返回。离开图书馆前我在两个地方停了停：先是朝T区的管理员挥手飞吻，然后在出门前顺道去了趟服务台。“祝您好运。”我对坐在服务台后的女士真挚地说道。她点点头，便又默默开始了工作。

外面在下雨。我把雨伞当成护手刺剑，轻轻向前一刺，然后便慢慢穿过大广场，向地铁站走去。

论跑步的本质

On the Nature of Running

要保持健康，光靠饮食是不够的，还必须运动……

跑累了的应该摔跤，摔累了的应该跑步。

——希波克拉底，约公元前 400 年

回到纽约，我总是在跑步时想到梅尔库里亚利的一句话，是我很喜欢的一句话：“跑步至上。”

的确如此。

我把这句话当咒语用——

“跑步至上。”我在我家楼前等红灯时这么想。

“跑步至上。”我躲开车流，躲开牵着绳子的狗和人行道上的骑车人。

“跑步至上。”我跑到哈得逊河，再沿着平整的道路跑到曼哈顿西区。

梅尔库里亚利觉得跑步至上，不仅是因为跑步满足他在书中对运动的详细定义，还因为“人人皆可”跑步。谁都可以——男人、女人、孩子。不需要健身房，也不需要装备或对手（甚至连鞋也不需要——鉴于墨西哥塔拉乌马拉印第安人长期赤脚跑步，便有人这样宣称，不过你的脚最终可能会有异议）。只要有健康的肺和还算强健的腿，人人都能跑起来。奔跑时，我能清楚地觉察到双腿，觉察到它们的自动运行，但我也发现自己很享受支使它们做我爱做的事，好像开车一样。我右转跑向码头尽头。我向后跑，向前跑，再旋回起点。我从不低头看。每跑 1.5 公里，我每只脚至少要各自触地 1000 次，也或许是 2000 次，同时还要吸收 3 倍于我体重的撞击力。我加快速度。我看到跑得比我慢的人，故意超过他。快的感觉很好。这是我私人版本的耐力跑，而一些进化生物学家认为，这或许恰恰解释了跑步的原始动机。

大约 400 万年前或更久以前，早期原始人已经能直立行走，但直立行走与仅凭双腿以不同速度跨越长短距离的卓越能力并没有必然的因果关系。毕竟，除了鸵鸟等少数个例，其他两足动物（部分爬行动物、鸟类、许多哺乳动物）大多都不能像人类一样奔跑。我们的非人类灵长类动物近亲（黑猩猩、长臂猿、狒狒）可以仅凭双脚移动一定距离（比如受伤了，或者前肢拿着东西），但无法坚持马拉松这么长的距离，而且速度也不快。那人类的这种特殊能力要作何解释呢?

人们提出了许多理论来解释我们向两足的飞跃（“飞跃”只是相对而言：这项变化实际历经了数千年）。有生物学家认为，从茂密的丛林转向开阔的稀树草原栖息地，生活环境的转变为可直立行走者带来了明显的生存优势。它们现在可以用眼睛认路，去更高处觅食，在行走时携带食物，在平原更快速（更安全）地移动。也有生物学家将两足行走视为防御策略——直立起来，让捕食者看到听到，从而阻止其靠近。一些女性专享的明显优势或许也有贡献，比如直立姿势可以让下脊柱更易承受怀孕重量。这些理论和其他理论并不互斥，两足行走的发展可能受到了多种选择性因素的共同推动。但可以预见，一切也可能止步于此。如果早期人类仅凭行走就能生存，那他们的确就会止步。自然采取了观望态度。消耗富余能量成了最后的求生手段。奔跑能力的进化无疑是出于生死攸关的需要，而不是给白天觅完食、走路走厌了的人的额外犒赏。而且这极有可能是源于饮食习惯的巨变。

随着气候和环境的逐步改变，早期人类不得不在素食之外增加肉食。由于缺乏快速猎杀的高效武器，他们也不得不精通如今所谓的持续狩猎——意如其名，就是不停追逐动物，直至其力竭或中暑，沦为他们的盘中餐。整个过程可能持续数日。要跑过野生猎物，早期人类需要具备多项解剖学优势。我们最终做到了：从头开始——奔跑时头部保持稳定，而不是左摇右晃。此外，我们也发展出了在快速移动时高效呼吸的能力，发展出了能保持躯干稳定的臀大肌，有助于平衡的短脚趾，更长的四肢，灵活的脚踝，以及让步伐轻快有力的跟腱。但还有一点，或许不如其他进化适应明显，我敢说也不太受重视，那就是出汗。

许多人或许会觉得出汗麻烦，或令人尴尬，应该避免、擦干、道歉，用体香剂遮掩，用肉毒杆菌终结。我还经常有这种感觉：有些人不理解出汗的首要目的。我们会听到人们（男女都有）说想要洗桑拿“出汗排毒”（或排出前一晚摄入的酒精），或者说他们运动就是为了好好出身汗，为了“净化系统”，通过有氧运动或热瑜伽排毒。但这是一种误解。我们的身体有专门的排毒器官，即肝脏和肾脏。过滤毒素和废物是其首要职责。虽然出汗时也会分泌出极少量细胞废物，但这只是次要的。汗腺的首要功能是调节体温。我们出汗主要是因为体核温度升高。液体通过毛孔分泌到皮肤表面，成为蒸发冷却的介质：一种精妙且非常有效的即时空调。坚称出汗必定有其他健康益处（比如排出毒素）的人完全不得要领。出汗的益处是避免死亡。

目前的研究表明，两足行走和发展出汗腺没有直接联系。后者的进化可能是为了帮助人类在炎热的沙漠气候中生存。为了达到这一目的，露西（一具会行走的原始人遗骸化石）等人类始祖最终不得不褪去毛发。不要误会我的意思。多毛有诸多优势（我有亲身体验）：皮毛厚实可以抵御阳光、雨水和寒冷，也能避免荆棘和灌木的伤害。但从长远和长跑的角度来看，毛发变少要对四处奔波的原始狩猎采集者更为有利。浓密的体毛渐渐消失，除了对人类有益的第二性征部位——头皮和耻骨上的毛发，相当于鸟类鲜艳的羽毛。事实证明，皮肤没有毛发非常理想，但有一个进化难题：皮肤必须保持清爽。

发生进化的主要有两类汗腺：顶泌汗腺和外泌汗腺（在英语中分别为“apocrine”和“eccrine”，均源自希腊词根“*secretion*”，意为“分泌”）。顶泌汗腺位于皮肤深处，始终邻近毛囊，会分泌出包覆毛干的黏性液体。顶泌汗腺集中在腋窝等毛发浓密部位。这些部位可能会散发恶臭，但这种臭味有时闻起来又很性感。造成恶臭的原因是细菌而非顶泌液本身。相比之下，外泌汗腺要更小更多——每个人有400万到600万个，每一个都在皮肤表面有独立的开口，也就是毛孔。外泌汗腺是主要的降温媒介，分泌液体呈水状，略带咸味。它们存在于身体各处，只除了3处超级敏感的部位：嘴唇、耳道及性器官的外露部分，也就是龟头和阴蒂；并最常见于手掌、脚掌和前额。

从解剖学角度来说，外泌汗腺其实很简单——它就是根管子，形如倒过来的微型水培花花茎。然而引发汗腺分泌的机理却很复杂。皮肤内的“热传感器”发挥了重要的监测作用，但即便如此，出汗是神经功能，而非皮肤功能。控制体温调节的主要是名为下丘脑的脑区。

汗腺形成于母体内，数百万个汗腺都是如此。婴儿出生时汗腺已完全形成，所以新生儿刚诞生几天（甚至几小时）就已经能检测到出汗。我们或许能立即看到并感到婴儿的体验，也就是所谓的情绪性出汗——由疼痛、恐惧、愤怒、恐慌、紧张或任何强烈情绪引发的出汗现象。我想甚至还有狂喜。温热性出汗发生在全身各处，但情绪性出汗仅限于前额、腋窝、脚掌和手掌。情绪性出汗用到的就是负责降温的腺体，只是环境变了。和温热性出汗一样，早期人类最可能也是因为战逃反应才进化出了情绪性出汗。手掌和脚掌潮湿其实有助于奔跑、攀登或投掷时的抓握，运动员对此有直觉认识——所以棒球运动员才会在投击球前往手心里吐唾沫。至于湿漉漉的前额，有理论认为这是身体发出的求救信号：它与视线等高，同类一望即知你正处于困境——这是以汗珠形式呈现的无声尖叫。散发体味的湿腋窝可能有着类似的进化目的，即通过视觉和嗅觉系统传达情绪状态。此时的恐惧和欲望真的可以让人嗅到。

人类和动物都会情绪性出汗。查尔斯·达尔文写道："人在受痛苦折磨时，往往有汗水滚下脸颊。有兽医确定地告诉我，他经常在马和牛痛苦时，看到汗珠从马肚子、马腿内侧和牛的身上流下。"在一头雌性河马身上也观察到了类似反应。"它分娩时（全身）都是红色的汗液，"达尔文写道，"这说明它正极度恐惧。那位兽医也经常看到马因为同样的原因流汗……对人类而言，这更是众所周知的症状。"确实，如果你正在逃命（对我们的原始人祖先来说想必是一种常态，比如被追击捕食、躲避自然灾害或敌人时），温热性和情绪性出汗系统都会开始工作，让你的身体变得像刚出生的河马宝宝一样湿滑。

化石记录充分揭示了我们作为两足动物的进化过程，但也仅限于此。虽然有骨头残骸表明早期人类能跑，而且也确实会跑（无疑是因为不得不跑），但我们并不清楚他们是否偶尔会主动奔跑。用现代的说法就是，露西和她的同类会为了运动或娱乐而奔跑吗？

我们只能猜测。反对跑步的人可能会说，史前的男人、女人、儿童不可能无缘无故跑步，不可能为跑而跑，但我不敢苟同。我发现自己在跑步时觉察到的世界，或者说自然世界，和步行时完全不同。那是一种独特的愉悦感。我能觉察到风，觉察到逆风和顺风；能觉察到太阳，它无可挑剔的圆，它的热量，带给我身体的温暖，在我面前投下的影子；能觉察到脚下的地面、泥土，以及脚掌感受到的地形变化。我注意到手臂的泵动（平时不会这样），以及流下的汗水。但又不仅是汗水，还有别的体液——鼻涕、血液、眼泪、嘴角处聚集的唾液。它们润滑了一辆好车的内部和外部，我喜欢这样想。

跑步时的时间感也不一样。我可以从这里迅速到达那里，而且还能继续。我会一直跑到感觉疲惫，跑到跑够了，然后再稍微多跑一会儿，这时我会涌起一股幸福感。这并非巧合，而是大脑在犒赏我，因为我做了一件累人但对总体健康有益的事，是大脑在激励我下次再做。持续的活动会触发特定神经化学物质的释放，这种名为内啡肽的物质具有镇静作用。此外，人体内的人类生长因子和特殊功能蛋白质也会增加。前者可修复肌肉组织，后者则有新研究表明参与了神经元和突触（神经元间的连接点）的产生。运动（跑步、攀登、练肌肉）或许还对早期人类心智容量和脑容量的增加至关重要：是身体活动驱动着人类智力的发展，而不是反过来。换句话说，如果人类始祖没有主动奔跑，我或许就不会坐在这儿思考、撰写跑步的本质。

跑步具体从何时起不再只是或不再是种生存策略，现在已无从考证。对跑步的部分最早记录可见于公元前1500年的古埃及浮雕墙，远远早于首届奥林匹克竞技会的举办时间。在位法老（无论男女）会在“周年庆典”期间举办一系列活动，力图更新神力，借此抵御更年富力强的王位继承者。“仪式跑”是其中的重点活动。它距离不长（只起象征性作用），但显然有“起点”和“终点”，因此属于田径范畴，尽管它并不满足另一项重要条件：仪式跑中没有竞争者或对手。法老独自奔跑，目的是打动神灵，因为神灵或许会施展神术，让其重焕活力。然而体育的象征性符号正在逐渐明朗。仪式跑设立后，每3年举办一次，塞加拉还建有专用跑道。这预示着竞技田径将成为埃及及希腊（更是如此）文化的重要内容。

浮雕墙和圣书体描绘的埃及跑者总是穿着相当于短裤或兜裆布的服饰，希腊人则不是，这一点有据可查。如今，我们无疑已经对古代男运动员裸体比赛习以为常，视之为历史事实而非反常行为。我们在希腊花瓶和双耳瓶上看到男性裸体跑步、摔跤、拳击、参加残酷的潘克拉辛比赛（pankration，结合了摔跤、拳击和踢打）的图像，他们的生殖器也裸露在外。在这些描绘中，这些敏感的身体部位似乎毫不敏感，而是足够坚韧，可以粗暴对待、碾轧碰撞、挥拳相向。又或者，为了提高身体表现，任何伤害都值得，因为裸体意味着无拘无束，它让人举得更高、打得更重、跑得更快。又或者是为了身体的纯粹之美。

但这一切又提出了一些问题：过去果真是这样吗？这样是可行的吗？人真的可以不穿任何运动装备参加比赛？那到底是什么感觉？我必须自己来一探究竟。

我的伴侣奥利弗在乡下有幢房子，周围有一大片土地。最近的邻居在800米外，光车道就有400米长，非常适合测试我的问题。一天，我特地等到奥利弗小睡——除了鸟和树，我不希望有其他观众。我先是穿着跑步短裤、内裤、T恤、袜子跑到车道尽头，再跑回来。这是我实验中的对照测试：完全正常。然后我脱掉短裤、内裤和衣服。尽管赤脚跑步据说优势多多，但我还是没脱鞋子。接着我便跑了起来。

我感到下面有些碰撞、有些起伏，有些明显的——怎么说呢——弹动。没错，就是弹动。但我的睾丸没过几秒就缩了进去，然后阴囊也缩了进去，仿佛是要紧贴睾丸，进行收缩包装。后者此时在我的下腹部，像真空包装似的被紧紧裹住。我的阴茎缩得比正常尺寸更小。神经系统仿佛是收到了电报似的，“赶紧收拾好，小子们”。我发现自己正戴着大自然的护裆。

我跑到车道尽头，然后折返。太阳把我全身内外都晒得暖暖的。我用手在身上一抹，汗水四溅开来——好比手动刮身板。

慢跑通过了测试，那短跑呢？我向着车道起点冲刺，跑了大约 90 米。我能感到轻微的晃荡，但并不碍事，反倒感觉有点滑稽——我的生殖器此时形似一口钟，一口微型钟，和维维安·纳顿在教堂敲的钟大相径庭。除此之外，我还深深感到一种生命力、一种野性及力量——是作为猎物而非猎人。一言以蔽之，我觉得自己像头动物。我转身冲向车道尽头，能跑多快就跑多快。

梅尔库里亚利在堪萨斯

Mercuriale in Kansas

米奇：我出汗的样子真叫我难为情，衬衫都贴在身上了。

布兰奇：出汗才健康。人不出汗，5分钟就得死。

——田纳西·威廉斯（*Tennessee Williams*），

《欲望号街车》（*A Streetcar Named Desire*），1947年

有时候我会想，以下哪种情况会让梅尔库里亚利最惊奇？是他去世400多年后还有像我这样的人在研究他的作品？还是相反：他的作品尽管被小部分学者欣赏，却完全遭到了遗忘，和他本人一样籍籍无名？他没能成为他那个时代的盖伦，而是更像马克斯·比尔博姆（Max Beerbohm）笔下的伊诺克·索姆斯（Enoch Soames）（出自其同名小说）——遭人遗忘，被困在一个他完全陌生的未来世界里。

他用来写作的语言，他如此热爱的语言，如今其实已经死去，因此大部分人都不理解、读不懂他的大部分文字——他会对此惊奇吗？但尽管如此，在美国有一个叫堪萨斯州堪萨斯城的地方，那里有位老妇人将他的若干作品

自发译成英语，还用一种叫打字机的小型便携式机器（一种在这个数字时代同样已经不幸过时的技术）打成了打字稿——他会为此高兴吗？他会对这些手稿在近 40 年内从未公之于世感到震惊，还是会为它们最终被安全地保存在了档案馆内感到欣慰？而我此行正是为了看看它们。当然，梅尔库里亚利肯定不信，人居然能在 48 小时内在纽约和堪萨斯城间飞个来回。（人能飞，静下心来想想，这事还真神奇。）

我会来堪萨斯城还要多亏医学学会图书管理员阿琳·沙纳。有天我去图书馆查资料，她说珍本室在装修，便领我去了另一间阅览室，我以前从没去过那儿。那是间毫无特色的长方形大房间，里面只有一张长桌，看上去像摆在弃置不用的宴会厅里的餐桌。沙纳女士去取我预订的书，我则找了个座位坐下。桌子另一头还坐着名读者，整间房里除了我就只有他。他表情异常严肃，额头上盘踞着抬头纹。我喜欢看到这种表情：当人专注在非常有趣的事里时就会露出这种表情。

我浮躁地扫了一眼身后的书架。扫视有点像钓鱼。我突然瞅到一本深蓝色的书，目光落到了书脊上的金色浮雕字上——“Sixteenth Century Physician”（16 世纪医生）。短短

3个单词就让我上了钩。我记得我当时在想：“‘Physician’是单数，奇怪。”我把书抽出来。看到封面上的完整书名时，我顿时反应过来，感到非常震惊——《16世纪医生及其治疗方法：梅尔库里亚利论皮肤病治疗》（*Sixteenth Century Physician and His Methods: Mercurialis on Diseases of the Skin*）。

梅尔库里亚利？我的梅尔库里亚利？

此书出版于1986年，出版商是密苏里州堪萨斯城的一家独立小出版社。此前我从未有所耳闻。书的作者是已故医学博士理查德·L.萨顿（Richard L. Sutton），他生前是堪萨斯城的皮肤科医生兼教授。他在导论中介绍道，自己迷上梅尔库里亚利是在20世纪60年代中期。为了为这位意大利医生的发现提供历史背景，他自发翻译了梅氏1572年的皮肤病著作《论皮肤病》（*De morbis cutaneis*）——皮肤病学早期的医学文本之一。不懂拉丁语没有让他退却。他得到了两位贵人的帮助：一位是精通拉丁语的圣公会牧师，另一位是一名退休教师——艾琳·布拉泽（Irene Blasé）老师。她在公立学校教了一辈子拉丁语，在书出版的前一年去世，享年90岁。萨顿继续写道，梅尔库里亚利的专著在初版时有两个独立部分：皮肤病和“排泄物”——书名即为《论排泄物》(*De excrementis*)，而他的译作仅涉及前者。

我知道那另一本书，但也只是约略知道。我既不懂拉丁语，也没多想，一直误以为梅氏的排泄物专著是和排遗有关（粪便和肠子），和运动史扯不上什么关系。但事实并非如此。萨顿指出，梅尔库里亚利的排泄物著作涉及所有人体排出的物质，包括粪便、尿液、痰液、鼻涕、眼泪，以及汗液。没错，就是汗液。鉴于那个时代体液说的盛行，这一切都异常合理。

我的大脑开始急速运转：怎么才能找到英语版的《论排泄物》？梅尔库里亚利对汗液有何见解？我继续阅读萨顿的导论，感觉那番话就是直接对我说的。他说这位“慧眼独具、身材娇小的老姑娘”，也就是布拉泽老师，还“粗粗”翻完了《论排泄物》全书，而他打算把这部译作保存在堪萨斯大学医学中心的克伦德宁医学史图书馆(Clendening History of Medicine Library)。布拉泽老师的翻译从未得到出版。

这时沙纳女士已经拿着我要借的书回来了。

我拿起萨顿的书，走向阅览室那头。

“可以打扰一下吗?”我对她小声说道。

“当然。”

有时我很难逻辑清楚地讲清原委——我会从结尾讲起，倒着讲故事，比如这次。无论我想问什么，沙纳女士都是满脸困惑。于是我干脆指着萨顿的话，让她自己去读。最后她笑道:“啊，唐·麦金尼斯（Dawn McInnis），她是堪萨斯城的首席档案管理员。克伦德宁，很棒的图书馆。”

“你认识她?”

她看上去被逗乐了。“珍本图书管理员的圈子很小。我来联系她。”沙纳女士平静地看着我，仿佛在说，“别抱太大期望，我们看看再说。”

她开始写电子邮件，我则回到了座位上。

我在图书馆又待了 90 分钟，但发现自己很难集中精神。四点半左右我终于离开。走之前沙纳女士的同事告诉我，她已经去了“书库”。因此我没能和她告别。回到家时，我收到了沙纳女士的好消息。她的电子邮件标题是“《论排泄物》之汗水”。

我去得正是时候。萨顿博士在 1988 年，也就是他去世前两年，将所有论文都捐给了这座图书馆，但就在我去堪萨斯城前不久，他们已经将论文正式移出馆藏。唐·麦金尼斯告诉我：“30 多年来没有人借阅过。”她本打算用碎纸机销毁论文，哪怕只是腾出点宝贵的空间也好。所以沙纳联络她时，她才会对萨顿这个名字有印象。

“我希望不会太麻烦。”我说道。

唐笑道：“一点儿都不会，我很开心有人或许会觉得它们有用。”她指指图书馆手推车，里面装着 10 个大档案箱。“我想它们一直在等你。”

我把小车推到桌旁。萨顿显然写了好几本皮肤病方面的医学教科书和数不胜数的学术论文，所以我面前才会有那么多资料，多到让人望而生畏。但好在那堆文件都贴着整齐的标签，我可以专攻只和《16 世纪医生及其治疗方法：梅尔库里亚利论皮肤病治疗》有关的论文。我找到了布拉泽老师的《论排泄物》打字原稿，以及一小沓信件，是萨顿博士和他的翻译间的通信。

这些通信表明，艾琳·布拉泽的翻译完成于 1966 年，但那并不像是终稿。题为“*De sudoribus*”（拉丁语，意为汗液）的章节占据了 30 页篇幅。她在每页都做了大量涂改，提出了许多疑问和备选译法。尽管如此，一名医学生对梅氏讲座的转录还是清楚地传递了他对汗水和出汗所做思考发现的精髓，而其中最清楚的一点，是梅尔库里亚利的观点何其错误——有时还似乎错得离谱（倒也并不奇怪，当时对人体运作毕竟还知之甚少）。和《体操艺术》一样，他大量借鉴了可敬的医学及哲学前辈的学说，包括希波克拉底、盖伦、柏拉图、阿维森纳、狄奥克莱斯、泰奥弗拉斯托斯等。他们相信体液说，相信有无形的物质赋予身体生命（精神）或飘出身体（瘴气）。这些信念，尤其加上对解剖人类尸体的长期禁令，让这些思想家看不到如今看来或许是显而易见的东西。梅尔库里亚利经常复述这些前辈的错误。举个具体的例子，“汗液不过是可饮用物质的一部分，经过在肝脏内的变化，在血液中作为载体经由静脉自然传输，最后通过秘密呼吸从静脉排出”。根据我的理解，“秘密呼吸”是对不可解释之物的某种简便解释，提供了恰到好处的视觉图像，因为当时还不知道汗腺的存在。汗液具体如何通过皮肤上的诸多“小孔”（毛孔）排出，这在当时还没有任何详细说明。

然而，梅氏“汗液”一章给人的总体印象，不是他的看法往往何其荒谬，而是人体可以何其神秘，也因此何其神奇。公平点说，梅尔库里亚利的确也有说对的地方。他在谈到汗液的“实质”时指出：“有些汗液被认为稠厚，有的被视为稀薄。这一差异（或‘特征’‘特性’，布拉泽老师在页边空白处这样附注，试图找到对应的英语词汇）可以通过触觉和视觉分辨。”（他这里说的其实就是顶泌汗腺和外泌汗腺所分泌汗液的差异。）味道特性也有差异：汗液据说有苦、有咸、有辣。我说汗有味道，应该没人奇怪。盖伦在《论症状的原因》（*De symptomatum causis*）中写道：“汗液有时会大量流下脸颊，甚至不免流进嘴里，让病人尝到。”

至于人为什么会出汗，梅尔库里亚利提出了多种解释（体液、消化或疾病），但从未承认出汗有体温调节功能。他只是顺带提到，“跑步时会出汗，走动（散步）时会出汗，在摔跤场地（摔跤场）和运动时也会出汗”。汗水来自活动，他继续写道：“因为静脉中充满了精神。这种精神四处移动，打开静脉口，由此排出汗液。”

剧烈活动和出汗会对现实有何影响（比如口渴、体重减轻，当然还有腋下异味），梅尔库里亚利在《论排泄物》中几乎只字未提。但我后来发现，他在一本 6 年后出版的书里给出了详细阐述。如果没有执着的艾琳·布拉泽，我肯定无从得知。让我惊讶的是，我还在其中一个档案箱里发现了一个没有标签的文件夹，里面是另一份打在半透明薄纸上的打字稿，稿件上同样做了各种标记。那是一部完整的译文，翻译的是梅尔库里亚利最晦涩、（似乎也是）最古怪的作品——出版于1585年的《身体之美》或《身体修饰》（*De decoratione liber*，医生在书中表达了对“化妆术”的看法）。我花了好几分钟才厘清头绪。这本书是对另一场公开讲座的转录，在梅尔库里亚利的作品全集介绍中鲜有提及（或许是因为学术性不强）。我当然不曾想过会在堪萨斯城之行中找到这部稿件，但它就近在眼前。整整200页，布拉泽老师用自己的语言将其全部转化了出来。

《身体之美》从未出过英文版。布拉泽老师究竟为何要费尽千辛万苦寻找梅氏原著，然后再翻译出来，原因并不清楚。这也是萨顿博士的委托吗？就像《论皮肤病》一样？或许是这样，但我没有找到相关证据。萨顿博士向布拉泽老师支付了合理的报酬（每页5美元），但她信中的内容表明，报酬对她似乎不太重要，她也不祈求萨顿博士在书中向她致谢。

布拉泽女士在给萨顿博士的手写便条中写道：“如你所知，翻译于我是件乐事，而有目的要比没有目的更有乐趣。”她一只眼睛失明，剩下的那只“好”眼有白内障，还好像患有骨科疾病，但这些并没有让她放弃。简而言之，她很享受这份工作。“我是否能翻译此书，更多是后勤问题，而非语言学问题。坐在桌旁工作让我不适。我需要坐在躺椅里，把打字机放在腿上。”我能想象布拉泽老师连续数小时、数天乃至数周专注工作的样子，身边放着梅尔库里亚利的文本，以及“近在手边的字典”，一边尽情打字，一边努力倾听这位“异常博学”的医生跨越400年光阴的话语。

“我们开始吧。”梅尔库里亚利在《身体之美》的开篇说道。“美容术从业者不仅注重美容，而且注重除丑，因为导致丑陋的疾病若不找到、不根除，便做不到美容”。他写道，《论症状的原因》已经探讨了皮肤方面的疾病和缺陷，不论是疖子、痤疮、虱子、感染，还是其他皮肤问题。他在这里要探讨的是外表、块头和体形，其中以“块头过大”的问题最为严重。该问题有各种名称，他指出：“拉丁人时而称之为臃肿，时而称之为肥，时而称之为胖……这一疾病或缺陷表现为全身性的过度肥满，有损于美感和活动。”“太胖”的人几乎无法行走，仿佛是被“关在硕大的监狱里”。原因有“大量饮用醇厚的葡萄酒佳酿”，大量食用“丰盛”的食物，如鸡蛋、糕点、面包、酱料等。

至于治愈方法，梅尔库里亚利附和了希波克拉底的观点：“希望摆脱肥胖的人……必须停止休闲，尽量努力运动……达到大口喘气的程度。”简而言之，梅尔库里亚利建议通过高强度的心血管训练减重，但他还有一项重要建议：“性交尤其能减脂减肉。因此，好色的动物显然都苗条消瘦，因为性交消耗了脂肪和肉。”

我喜欢他对此直言不讳。我想那揭示了他的某个侧面——这位可敬、虔诚的医生对性并不拘谨。

他写道，不消说，所有这些会引起出汗的身体活动都会造成一种“不好闻的气味”。他指出，拉丁语和希腊语中都没有专门形容脚臭的词，但出汗过多导致的“腋下异味”倒是有专门用词：膻味（goatiness）——布拉泽老师这样措辞（译自拉丁语的“*capra*”或“*caper*”，意为山羊）。“闻起来像山羊是古人觉得最不光彩的事，这种气味难闻到让人有时难以忍受。”梅尔库里亚利补充道。不过，这位来自弗利的医生倒是有几个自制除臭剂处方。“如腋下有强烈异味，令许多人闻起来不适，则有两种方法可以解决。一种是用玫瑰水、香橼花水、芳香葡萄酒或沉香木仔细清洗腋下……如此法效果不佳，那第二种方法是用气味更强的物质盖住腋下气味。古人……有时在腋下夹砂仁

（小豆蔻），有时夹没药，有时则是夹肉桂”。龙涎香也能用。就他自己而言，他发现“芦荟与其他香水混合可以除掉腋下所有异味”。

我小心翼翼地嗅了嗅自己的腋窝，我的吉列清爽除臭剂顿时显得乏味透顶。我心想，下次身边要是有芳香葡萄酒和香橼花，我可能不得不试上一试。

游泳的艺术

The Art of Swimming

我跳下去，叫他跟着我，他便也跳了下去。
激流滚滚而来，我们用强健的体魄拼命对抗。

——威廉·莎士比亚（*William Shakespeare*），
《裘力斯·恺撒》（*Julius Caesar*），1599 年

吉罗拉莫·梅尔库里亚利宣扬为健康运动，但他是否曾身体力行，学者们对此存疑。即便他确实运动，也未曾在《体操艺术》里直言。但我认为线索就藏在他的字里行间。例如，他对游泳的描述，“游泳动作会用到全身，需要全身发力”，只有游过泳的人才会这么说。他还引用了亚里士多德，这位哲学家认为将游泳比作跑步“并无不妥”。他说得没错，我们可以清点下身体的各个部位，然后发现游泳会用到全部：眼、口、鼻、肺、心、肩、胸、臂、手、颈、背、腹、臀、腿、脚。

梅尔库里亚利指出：“游泳能让人苗条，能改善呼吸，让身体变结实、变暖、变瘦，也让人更不容易受伤。”此

外，他还认为游泳比其他运动形式“更有乐趣”，“因为水的流动……用它温柔的触感创造出了一种与众不同的独特乐趣”。说得像个真的游泳的人。我喜欢那种独特的乐趣，它突出了游泳大大方方娱悦感官的本质，以及人和水的关系——希望这样说不会太奇怪。游泳者游泳的环境让这项运动在所有运动中独树一帜，令人特别满足。

但水的拥抱可能像天气一样无常。无论是在江河湖海还是在池塘泳池里游泳，水像火一样，总是具有一定的危险性和不可预测性。游泳也因此有别于其他运动形式。这不是说跑步、举重、攀登、自行车、武术、球类运动或瑜伽没有固有风险，但这些运动的风险主要是过度使用（肌肉拉伤、肌腱断裂）、设备故障或对手过度兴奋（拳击手淤青的眼窝）引起的运动损伤。而所谓运动致死（比如在慢跑时猝死）的例子通常是由心房颤动等已有疾病（尽管患者往往并不知情）引起。相比之下，就游泳而言，你的生命安全有赖于游泳技能。但无论你游得多好，溺水和意外事故（被湍急的水流冲进大海，或被巨浪卷走）的风险还是可能切实存在。家长教孩子骑车，是为了让孩子享受纯粹的乐趣，享受骑行的自由感和独立感，而游泳则首先是被当作基本安全措施教授。教游泳是家长的责任，几千年前便是如此。

人类对游泳的最早记录来自一组洞窟壁画，约作于1万年前的新石器时代。发现这些壁画的洞窟位于埃及西南部，靠近利比亚边境。壁画似乎展示了游泳者划水的不同阶段——我觉得像蛙泳。在这些壁画创作的年代，该地区的气候比现在更为温和，如今的沙漠在当时都是湖泊和河流。据考古学家推测，那些场景描绘了日常生活的一个侧面，那是个只有会游泳才能生存的年代。人们游泳是为了跨越水域——或许是为了寻找食物、逃离交战中的部落或转移到更安全的地域；人们游泳单纯是为了食物——为了捕鱼。

希腊人似乎认为，人人（男人、女人、儿童）都应该会游泳。这自有其道理，因为他们大多居住在水边。柏拉图在《法律篇》中提到，不会游泳就像不会阅读一样，也是无知的表现。苏格拉底说得更直白："游泳能救人命。"家长会教子女游泳，孩子们想必也会互相学习。同样的义务在犹太教中延续了数个世纪。《塔木德》（*Talmud*）中说，家长必须教给孩子3件要事：律法、谋生和游泳。

类似的观点也适用于古埃及，当地人大多居住在尼罗河边或尼罗河的分支运河边。游泳能力对渔民或船夫而言是生死攸关的问题，对上层阶级而言则是受过良好教育的标志。然而，无论是在希腊还是在埃及，游泳都不是体育比赛项目或展示项目。（游泳直到 1896 年现代奥运会肇始才成为奥运会项目。）其确切原因在古代文献或象形文字中均没有记载。倒也正常，这就跟我们如今觉得没必要解释走路或赛车为什么不是奥运会项目一样。我认为，由于几乎人人都会游泳，包括妇女在内，游泳不属于专属于男性的范畴，因而更多被视为实用技能。如历史学家克里斯汀·纳顿（Christine Nutton）所言，游泳“相当于运动中的字母表”。此外，游泳不像古希腊或古罗马的拳击或潘克拉辛，它不是观赏性运动；它也不像展示速度和力量的短跑或田赛项目那样能吸引观众。不过，游泳或许不是竞技项目，但它能让人得到全面锻炼，这一价值显然还是获得了认可。古代历史学家帕夫萨尼亚斯（Pausanias）和作家菲洛斯特拉托斯都曾写过，4 届奥运会拳击冠军提珊德罗斯除了在体育馆训练，还辅以长距离游泳训练。借用菲洛斯特拉托斯的话，“他用双臂在海中行进了很长一段距离，同时训练了身体和手臂”。

精通游泳是如今某些兵役的先决条件，包括美国海军海豹突击队（U.S. Navy SEALs）在内，原因不言自明。这在古代还要更为普遍。韦格蒂乌斯在军事训练专著《论军事》中建议："所有年轻士兵一律应在夏季月份学习游泳。因为有时不可能从桥上过河，逃兵和追兵便往往不得不游泳过河。突如其来的融雪或降雨往往会让河水陡涨，漫过堤岸。在这种情况下，不会游泳的危险和敌人造成的危险不相上下……骑兵和步兵，甚至还有马匹和军队仆从，都应习惯这种运动，因为他们都有可能发生同样的事故。"

韦格蒂乌斯的专著在文艺复兴时期被译成意大利语、法语和德语，其对军队和贵族训练的影响一直持续到19世纪。巴尔达萨尔·卡斯蒂廖内在《廷臣论》中认可了游泳对绅士的重要性，他引用了韦格蒂乌斯来支持自己的论点。然而，两位作者都没有解释该如何游泳。真正的游泳指南到16世纪才开始出现。

第一本游泳指南是一部行文生硬、赞颂游泳的拉丁语对话体作品《游泳者》（*Colymbetes*），作者是瑞士人文学者尼古拉斯·怀曼（Nicolas Wyman）。这部作品比梅尔库里亚利的《体操艺术》还要早30多年。怀曼关注的是营救技术的教授，即如何在一只手抱住溺水者的同时用另一只手游泳。游泳完全指南的出现还要再等50年，等到1587年英国人埃弗拉德·迪格比（Everard Digby）的《游泳的艺术》（*De arte natandi*）。迪格比本人不是医生也不是运动员，他是受到了诗人兼教师罗杰·阿斯卡姆（Roger Ascham）的作品启发，两人同为剑桥大学圣约翰学院的学者。阿斯卡姆出版于1545年的箭术专著《弓箭爱好者》（*Toxophilus*）开创同类作品先河。这本指南为使用长弓提供了逐步指导，同时兼具文学野心，写作语言是简单易懂的英语而非拉丁语。阿斯卡姆在前言中指出："许多英国作家都未曾这样做过，但使用拉丁语、法语、意大利语等外语写作，确实让万事都艰深晦涩。"这本书被题献给了英格兰国王亨利七世，他同意授予阿斯卡姆一笔终身年金，以示认可。

迪格比仿效阿斯卡姆，只在书中集中探讨了一种运动形式，但他执意用学术拉丁语写作，让文字变得"艰深晦涩"，难以理解。近10年后，诗人克里斯托弗·米德尔顿（Christopher Middleton）将迪格比的《游泳的艺术》译成英语。这个版本被数次重印，还译成了法语。在之后的300年间，它一直是西方世界论述游泳的权威文本。这本书从各方面来看都还不错。它超越了怀曼的救生术，证明游泳是门值得研究的艺术和科学。书中提供了对蛙泳、狗爬式、踩水等的指导。（如今的自由泳到19世纪才得以完善。）要说有什么缺点的话，那就是迪格比扯得有点远，太过天马行空。例如，他建议在仰泳时修脚，听起来既荒唐又危险。他以假想的学生为对象写道（米德尔顿的译本）："让他在进行仰泳的同时，提起左脚并架上右膝，身体始终保持笔直，然后用右手拿起准备好的刀。他可以轻松保持抬腿姿势，直到修好一片趾甲。就是这样。"人们不禁要问，迪格比自己是否这样试过，甚至要问他是否游过泳。

我是在公园的公共大泳池里学的游泳（红十字会的必修课），那里离我斯波坎的家只有一个街区。但我要说，让我真正学会游泳的是我父亲。他曾是西点游泳队队长，高中时是优秀的游泳运动员，而且从未停止对水的热爱。他把这份爱传给了我和我的几个姊妹。我们不是那种会把家当装进旅行车，去大峡谷或拉什莫尔山或胡佛大坝做夏季公路旅行的家庭，而是会去不远处的北爱达荷，在湖里开船过周末。我最好的朋友克里斯有时也会加入。父亲不钓鱼，也从不玩帆船，他觉得这些太慢太无聊。他喜欢速度。我们有艘装了喜运来（Evinrude）船外机的摩托艇，大约 4.5 米长。船一下水启动（通常是种煎熬），他就会踩足油门，带着我们飞过水面。他会在湖中央关掉引擎，拿出水橇和拖缆，然后我们每人都会去滑一圈。我和姊妹们从小就会滑水——我们不得不会，和想不想无关。等到上高中时，我们都已经在他的指导下，从双橇进阶到了障碍滑水。

我们每年夏天都会去普里斯特湖租间小屋待几周，那里离斯波坎只有大约 90 分钟的路程。普里斯特湖长 24 千米，又大又深。我父母都是出生成长于明尼苏达，那里有许多小湖。相比之下，普里斯特湖要大上许多。夏天是汽水旺季，父亲会在可乐工厂工作一周，只在周末出来。他每天早晨一醒来就直奔码头，停也不停就一头扎进水里。他要过上许久才会浮出水面，久得让人不可思议，人则已经超出标志深水区的浮标好远。他仰面躺着，从门牙缝里喷出水。“开启一天的最好方式!”父亲用蝶泳精力充沛地游回码头，然后这样说道。

我每年都会和高中老友一起，去湖边小屋过一个长周末。我们总是去同一个湖——普里斯特湖。这项传统始于 2006 年，我的伴侣史蒂夫去世后——大家聚了聚，但不是追悼会和葬礼。日子一久，我们便开始越聚越勤。我们在码头上消磨时间，喝啤酒、大笑、游泳、叙旧，在夜幕降临时一起调玛格丽特、做大餐。深夜时我们再度回到码头，看星星，聊自己的生活，比平时再多喝一两杯。小屋稍微走走就到，多喝一点也无妨。早晨到来时，我会和40年前的父亲（他是威士忌加苏打水爱好者）一样，去湖边迅速利索地来个晨泳。没有什么比全速游过水面更能让我头脑清醒，心跳加速，血脉偾张，活力四射。上岸时已经有人拿来一大壶咖啡，新的一天由此开始。

不过，除了一年一度的普里斯特湖夏日周末，一年里的其余51个星期我很少游泳。其实上大学后我就不太游了。我去的健身房都没有泳池。我想我已经忘了小时候我有多爱游泳，游泳对我来说曾是多么的轻松。2012年，我在奥利弗的鼓励下决定重拾这项运动，但发现那种轻松已经不再。我加入了一个有25米泳池的健身房。在51岁重新下水、挣扎着游个来回让我自觉惭愧。第一次时，我才游两个来回就得停下休息，游得上气不接下气。这不是因为我体力不好，只不过游泳这项心血管运动有别于爬爬楼梯机或跑跑步机。光身强体健、肌肉发达是不够的——这反而可能影响你能力的发挥。因为对于游泳，肢体的灵活才是关键。游泳对身体整体素质的要求很高，让在水中呼吸比在陆地上更有挑战、更费力气。

但我坚持了下来。我开始和奥利弗一起去游泳池，每周去好几次。我的左肩有问题，没法轻松地仰泳或蝶泳，总是会扭伤。蛙泳则始终让我觉得不太入流，这样说或许并不公允。我想学好自由泳，于是开始上YouTube看视频，还研读了一本新出的游泳教程——特里·劳克林（Terry Laughlin）的《全然沉浸》(*Total Immersion*)。书里的提示对我很有帮助，比如保持低头姿势，把头真正放进水里；呼吸时不要只有脸转，全身都要转动。但最重要的还是要勤去泳池。游泳是种技能，是项复杂的运动技能，需要学习，以我的年纪则是重新学习。而练习是学习的必要步骤。这和拳击有点像——过程虽然时而乏味，但挺过去就能达到更高水准。

练习包括犯错、认识错误、想办法改正调整，这几乎不言而喻。我逐渐认识到，练习有别于运动，虽然练习时我们当然也“得到了运动”。练习需要用脑。练习是在最好、最令人满意的情况下，运动则不然。运动的乐趣始于光做（蹬腿、划水、双侧呼吸）不想。

梅尔库里亚利将游泳比作跑步，但我逐渐认识到了这种比较的局限性。跑步对上身的运用和游泳大相径庭。我在自由泳时注意到，那感觉更像是攀过水面，仿佛攀岩，水平式的攀岩（难怪自由泳又叫爬泳）。用手抓水就像抓住岩壁把自己往前拉——我想象自己像蜘蛛人一样在建筑物上飞檐走壁。水提供了肌肉需要克服的阻力。躯干在臀部驱动下快速转动，仿佛钻过岩壁的大型工业钻头般搅动着水面。

我游得越多，就越享受将身体作为交通工具，从泳池一头到另一头只需短短几秒。从这个角度来看，游泳和跑步（或飞行）确有相似之处。我买了对短脚蹼，好让自己游得更快。我为 50 米来回游计时，为将成绩提高 1 秒而努力。再度回到普里斯特湖参加年度聚会时，我已经是个更自信的游泳者。我不再只是快游一下，而是会戴上泳镜和脚蹼，沿着湖岸游到四五座小屋外的码头，大约 800 米，然后再游回来。每天要游好几次。

旅行最后一天，差不多一半的朋友已经踏上回程。我们一行四人开船去了上普里斯特湖——一个偏远、荒芜、几乎人迹罕至的地方，在爱达荷州北部，距离加拿大边境只有几公里之遥。这趟航行有如公路旅行一般。我们徒了步，也野餐了一顿。回小屋的船程很长，我们到达时已是下午 3 点 40 分。我记得那么清楚，是因为船驶入码头时，我们中有人问了句“几点”。我想应该是我问的。

我朋友克里斯的妻子香农看了看表，说：“3 点 40 分。”

我们都听到了，一边点头，一边想着从小屋开车回斯波坎前，还有时间做些什么，需要做些什么。那是个美妙的日子，几乎堪称神奇。我们回来得晚了点。走之前还要打包行李，拆床单被套，打扫屋子，把行李装上车。但重要的事情先来：在 33 摄氏度多的大晴天坐了这么久的船，我们又热又渴。而且老实说，我们都需要上洗手间。

我和梅莱纳在克里斯靠岸时跳下船。我们把船系住，取下自己的财物。我记得克里斯说要上洗手间，“很急很急”，接着便目送他往小屋走去。他几乎是跑着去的。我觉得我也得回去上个洗手间，但马上又想到个更好的主意：反正我也想游泳，那不如就在湖里尿吧。香农和梅莱纳已经下了水。我在码头上坐了会儿。泳镜不在身边，我想去包里取。“算了。”我告诉自己。于是我跳进水里，深呼吸了一下，便潜到水下游起来。

我的腿很强壮。腿蹬出去时，我的身体呈流线形，双臂呈V形在身前打直。靠着身后的推力，我在水下做了 2 次甚至是 3 次完整的蛙泳动作。我喜欢这些动作——那种滑行的感觉，让我觉得自己像是掠过湖底的蝠鲼。尤其是当我把手收回来贴在身侧，还没开始下一次划水的时候。我依然记得那优美的滑行，双臂紧贴身体，然后——

“砰”，一声巨响在我脑中响起。我立刻意识到自己犯了个可怕的错误。那就像是听音乐时突然有讨厌的失真打断，或是看到计算机屏幕刹那间一片空白。我浮出水面，本能地游向码头，然后听到自己大声说：“我撞到石头了。我撞到石头了……”

我想让他们知道。我当时想的是：我得让他们知道，我得说出来出了什么事。我的头嗡嗡作响，觉得自己或许会昏过去。我知道情况很糟，那声音我自己也听到了。然而，我也发现自己正在齐胸高的水里平静地走向码头，还听到香农和梅莱纳倒吸着凉气，她们正看着我满脸是血地向她们走去。

我不清楚自己游了多远，或许 25 米，也就是泳池的长度，我说不太好。但肯定够远的，所以岸上的人都看不见我在湖底撞到的大石头。

我到码头时，梅莱纳正拿着沙滩巾向我跑来。她是斯波坎医院的医务人员。她把沙滩巾盖在我头上，让我用力按住伤口。两人中有一个说了些全是血、胡子里有血之类的话。梅莱纳不断让我按住伤口，我则告诉自己保持呼吸。我一只手放在码头甲板上，另一只手按着额头，在那儿站了几秒，然后听到梅莱纳说了些什么，好像是“我们得想办法把你从水里弄出来”。我没回话，只是用空着的手一撑，便把自己撑上了码头。我站起来，有人赶紧说：“坐下，坐下。”香农拿来把草坪躺椅让我坐。

我头很昏，心里知道情况不妙。我出了事故——不是“我碰到了事故”或“那是场事故”，两种说法都没说明过错方——而是“我出了事故”。我脑中闪过这句话的一些言外之意，让我顿时觉得过错在我。是我，是我，是我造成了这场事故。这场事故是我的错。但凡我能戴上泳镜，但凡我能睁着眼游，但凡我回房上洗手间，但凡我没有那么急。

这时克里斯已经从小屋出来。他和梅莱纳说要看看我的伤口。香农说了些有关血的话——“头上血管很多”。她重复了好几遍。但我还挺镇定，试着关注呼吸。他们问我冷不冷。“不冷。”他们问我要不要水。“要。”我继续按着伤口，他们说什么我就做什么。梅莱纳突然闪进我的视野。她小心翼翼拿开毛巾，查看起伤口，一脸的严肃和关切。她点点头。“会好起来的。”她说，表情却不怎么让人信服。

克里斯走开了一会儿（但感觉走了很久似的），回来时拿来了免缝胶带。（他父亲是医生，他们在小屋里备了全套急救装备。）所有人都在说话，而我脑子很乱。最后，克里斯撕开胶带，香农往胶带上喷了点新斯波林（家用抗生素），梅莱纳从我头上剥下毛巾，克里斯贴上两条免缝胶带，牢牢封上了伤口。他们又把毛巾放回到我头上，让我按住别松手。这时我已经尿急到感觉自己忘了该怎么尿尿，但干坐在码头似乎也无济于事。于是我站起来，和他们仨一起走回小屋，准备回斯波坎后去看医生。

我锁上洗手间的门，照了照镜子。前额和胡子里的血已经又干又硬。透过那两条免缝胶带，我看到额头上的伤口就在发际线下面，大约有 5 厘米，和我的大拇指差不多长。伤口周围的皮都破了。我往脸上泼了点水，把胡子弄干净，然后才终于在马桶上坐下，把膀胱清空。之后我继续在那儿坐了许久。我想起一段对话。我记得自己在得知肩袖肌腱撕裂后，有次在健身房和一名比较年长的健友聊天，他以前是健美运动员。我很灰心。他说他有过同样的遭遇，但只要我接受物理治疗，让受伤的部位歇一歇，最终还是会复原的。他说：“会好的，那只是你经历的一部分。”

我喜欢那样。我喜欢在那样的背景下理解伤痛。这场事故，我的事故，满可以置我于死地，可以让我瘫痪或骨折。如果我当时是一个人，那我很可能会溺水。这一切仍然让我心有余悸。我也有种恶心的感觉，因为心知撞到那块石头的记忆可能会伴随我很久——那“砰”一声，那大脑里突如其来的扭曲感。我的额头将会结疤，而这伤疤将标志着我生命中的这特定一刻。随着时间的推移，伤疤渐渐变淡，已经不太显眼。但它让我意识到了在陌生水域游泳的危险，对那种危险的担忧依然存在。从那天起，我再也没有不戴泳镜游过泳。

档案之间

Inside the Archive

唯一可能的运动形式是谈话，而非走路。

——奥斯卡·王尔德（*Oscar Wilde, 1854—1900*）

阿加斯先生亲眼见过也亲手摸过梅尔库里亚利收寄的无数信件，由他忠实的学生转录的讲座抄本，以及他作品的首版珍藏。身为拉丁语学者，阿加斯能读懂所有原稿。但我们在巴黎会面时，他遗憾地叹气承认，有一件事他实在是难以企及，令他沮丧：皮罗·利戈里奥为《体操艺术》所作画作的现存原稿，他始终未得亲见。这些画稿目前是意大利古老、富有的家族之一博罗梅奥（Borromeo）家族的私人收藏。阿加斯曾无数次申请查阅，但都没有成功。

那时我自己也做过尝试，想联系博罗梅奥家族的成员、代理人或档案馆工作人员，但一样以失败告终。我猜想那部分是因为我意大利语不好，于是便换了个办法。我找了一名意大利语翻译替我“探路”。小伙儿名叫乔瓦尼，住在梅尔库里亚利的家乡弗利附近。经过一番调查，他这样向我汇报：

亲爱的海斯先生，

我设法联系了米兰伦巴第档案监管局的一名官员，他向我讲述了原博罗梅奥档案馆的兴衰，以及档案文件散落到不同档案馆的始末。这些档案馆包括阿达河畔博罗梅奥档案馆、利塔·维斯孔蒂·博罗梅奥·阿雷塞档案馆和贝拉岛博罗梅奥档案馆。前两个没有您想找的东西，最后那个他很遗憾帮不了我，因为这个档案馆不受伦巴第档案监管局管辖，而是属于都灵的皮埃蒙特档案监管局。那里的联系人是埃西尔达·马努圭拉女士。

我给埃西尔达·马努圭拉女士写了封格外客气的信，但没有得到回复。我没有放弃，又转而联系了《体操艺术》的意大利出版方，向其寻求建议。这么明显的办法，我竟然没早点想到。没过几天我就收到消息，说我已经获得许可，可以拜访贝拉岛博罗梅奥档案馆，但日期和时间都有限制：11月任一星期日的上午11点。只剩不到1个月。对方表示时间安排无法变更。

我几乎没有犹豫，立即订了去米兰的机票。

距离伦敦和巴黎之行不过一年半，我再度飞离纽约。我把行李寄存在米兰火车站附近的廉价旅馆，搭火车去了小镇斯特雷萨——在跨越意大利和瑞士两国的马焦雷湖附近。我按照指示走出火车站，先是右转，然后左转，沿着空旷、蜿蜒的街道向湖边走去。湖边有个卖摆渡船票的临时小售票亭。旅游旺季早已结束，几乎一个人影也见不到，但几分钟后就有一艘摩托艇靠到了海滩的移动式小码头上，船上已经有6名乘客。我跑上晃个不停的码头，像在梦里走在木板条上似的。湖上弥漫着晨雾，一路上什么都看不清。船陆续在马焦雷湖的3座小岛靠岸，其他乘客都成双成对地下了船。

最后，我终于也到了站。“到了。”摆渡船船长挥挥手道。我跳上岸，小艇随即呼啸离去。那时是10点55分，雾已经散了。我站在岸上，发现这里果真地如其名：贝拉岛——美丽岛。群山白雪皑皑，湖泊湛蓝。山湖交接的画面有如一张明信片。兴建于巴洛克时期的博罗梅奥宫正是矗立在这里，看上去仿佛魔法城堡一般。

“目瞪口呆”用意大利语怎么说？

这是我最先向接待人抛出的问题。他 50 岁出头，面相和蔼，长着一对酒窝。他找到我时，我正在离码头不远的地方，因为时差一脸茫然。

他告诉我他叫亚历山德罗，但他让我叫他亚历克斯。

亚历克斯提议先喝杯咖啡再去档案馆。庞大的博罗梅奥宫和花园占据了贝拉岛的大部分，但小岛上还是常年有人居住，也有些营业的小店和咖啡馆。亚历克斯点了浓缩咖啡，还点了块大得有点滑稽的巧克力蛋糕和我分享。他的英语很好，所以我们很容易就熟悉了起来。

我花了点时间才厘清头绪，不过终于还是回过神来，意识到我为什么找不到博罗梅奥档案馆的办公室、电子邮件，或任何联系方式——因为根本就没有办公室，没有全职档案管理员，也没有员工之类的人。可以联系的其实就只有一个人，就是这个坐在我面前吃着那最后一点巧克力蛋糕的人。这位孝子的父亲恰好是为博罗梅奥家族工作过的专业档案管理员。他在 1991 年突然离世，之后亚历克斯就一直在尽心尽力地延续着父亲的事业。他的正职是工程师，工作日要在离岛 144 公里远的小镇全职工作。周六则是留给妻子和几个孩子的，所以他只能偶尔在周日来贝拉岛处理公务。博罗梅奥家族不想再雇用别人来管理档案，也很少和亚历克斯联系。掌管钥匙的就只有亚历克斯而已。

这真是一把不一般的钥匙：白镴铸造，大大的个头，样式老旧，仿佛是为中世纪牢房所铸。亚历克斯领我走进宫殿。我跟着他穿过一连串富丽堂皇、陈设优雅的空房间，最后来到一个面朝挂毯厅的圆形大厅。挂毯厅里陈列着远至 14 世纪的佳作，让人不禁惊叹。我本想在那儿流连，但亚历克斯把我叫了过去。圆厅的墙上几乎是藏着一道又高又窄的门。他用那把白镴大钥匙打开了门。

我跟着亚历克斯走进去。我们爬上一段陡峭的螺旋式楼梯，来到一间很容易被误认为是储藏室的小黑屋。但即便如此，还是有程序要遵守：跟每次拜访医学学会珍本室一样，我得先签到，只不过这本签到簿已有百余年历史。

亚历克斯说我有个厉害的同伴，“欧内斯特·海明威（Ernest Hemingway）先生”曾在 1918 年 9 月到访博罗梅奥宫，签到簿上有他的大名。亚历克斯找到海明威的条目，向我展示了这位作家的签名。我将信将疑，但随即想起海明威在还没成为作家前，曾参军入伍，在红十字会当救护车司机，并在那年早些时候被派往意大利。那时他已经年满18周岁。入伍才1个月，他就身负重伤，在米兰的康复医院度过了半年光阴。所以他完全可能来马焦雷湖做个一日游。

亚历克斯在一张宽大的桌子上腾出地方，把一个形似加大号马尼拉文件夹的对开本放了上去。“那请吧。”他一边说道，一边指对开本，示意我开始。

“那些画？这就是那些画？”在我想象中，利戈里奥有将近500年历史的珍贵作品应该是被裱起来挂在墙上的。

亚历克斯露出个孩子气的微笑。“对，那些画。”他说道。

很难想象，如果《体操艺术》没有这些插画，是否还能留存于世或取得成功——得到多次再版，被译成多种语言。我要不是受到这些画的吸引，便断然不会去博罗梅奥宫。倘使沙纳女士当初拿来的是1569年的无插图版本，我或许只会翻一下不知所云的拉丁文字，然后合上书本，不再多想。但我开始觉得，皮罗·利戈里奥发挥的作用或许比人们给予他的认可更甚。虽然他的画在1573年出版的第二版《体操艺术》中才出现，但我凭直觉觉得，利戈里奥或许一开始就为梅尔库里亚利构思中的那本书埋下了一颗种子——或许还是唯一的种子。说到底，梅尔库里亚利开启这项写作的原因从来都不甚明了，或者不太明显。他懂拉丁语和希腊语，但除此之外，他并没有写这样一本书的动机。梅尔库里亚利受到过古罗马温泉浴场和运动场遗址（卡拉卡拉浴场、戴克里先浴场等）的启发，这是他提供的唯一线索。然而，当梅尔库里亚利生活在罗马时，这些地方还不是如今的旅游景点。当时并没有详细的景点介绍，甚至大部分遗迹都还没被发掘出来。人们需要了解这些地方，需要得到展示，而很少有人比皮罗·利戈里奥更了解这些建筑和它们的历史，或者更在意它们的意义。

我们知道，梅尔库里亚利刚到罗马没多久，两人就结识了。利戈里奥当时身兼二职，既是古迹管理者，又是教皇庇护四世治下的梵蒂冈宫的建筑师。他是一位真正的文艺复兴人，同时是画家、作家、建筑师、考古学家、制图员、古文物学家，比梅尔库里亚利有过之而无不及。他和法尔内塞的图书管理员富尔维奥·奥尔西尼、奥诺弗里奥·潘维尼奥过从甚密，两人在一个里程碑式的项目中帮他重绘过古罗马地图——一项“爱的劳动”，用利戈里奥的话来说。这部作品在他与梅尔库里亚利结识的前一年出版。历史学家霍华德·伯恩斯（Howard Burns）指出：“这部作品凝聚了（利戈里奥）20余年深入研究和写作的成果。利戈里奥在此期间撰写了大量古文物文字，画下了数以千计的古建筑、古钱币、古铭文、古浮雕。没有这些积累作为参考，这本书就不会是它最后成书时的面貌。”此前利戈里奥已出版过较小幅的古罗马地图，也出版过戴克里先浴场、马克西姆斯竞技场（战车比赛和角斗比赛的主要举办场地）及其他古迹的版画。作为一名高产的作家，他还开启了他史无前例（甚至非常古怪）的“古文物百科全书”项目。到他去世时，这套全书的规模已经达30卷（却仍然尚未完成和出版）。其实利戈里奥自己也能写古代运动术的书，这并不是多不可思议的事，尽管不是从医生的专业角度去写。不管怎么说，当时梅尔库里亚利有写这样一本书的闲暇，利戈里奥却因为大量建筑项目忙得不可开交，其中包括对贝尔韦代雷庭院的设计修改，庇护四世的避暑别墅，以及教皇在罗马的一座小宫殿。然而，他得到的最了不起的委任，或许就是在1564年接替米开朗琪罗担任圣彼得大教堂的建筑师，负责教堂的继续建造——他显然在建筑竞赛中击败了这名伟大的艺术家。

然而，利戈里奥的情况很快就开始急转直下。

他因被控盗窃罪（显然是冤案）而被判入狱，具体事

吉罗拉莫·梅尔库里亚利，著有《体操艺术》（首部以运动为主题的综合性配图书籍）；铜版画，由约翰·特奥多尔·德布里（Johann Theodor de Bry）作于约1598年。阿姆斯特丹国家博物馆（The Rijks Museum）馆藏作品。

红衣主教亚历山德罗·法尔内塞，由提香（Titian）作于1545—1546年。意大利那不勒斯卡波迪蒙特国家博物馆（National Museum of Capodimonte）馆藏作品。

《摔跤手》(*Wrestlers*)，皮罗·利戈里奥作，收录于梅尔库里亚利 1573 年版《体操艺术》。照片由本书作者拍摄；瑞典体育与健康科学学院藏书。

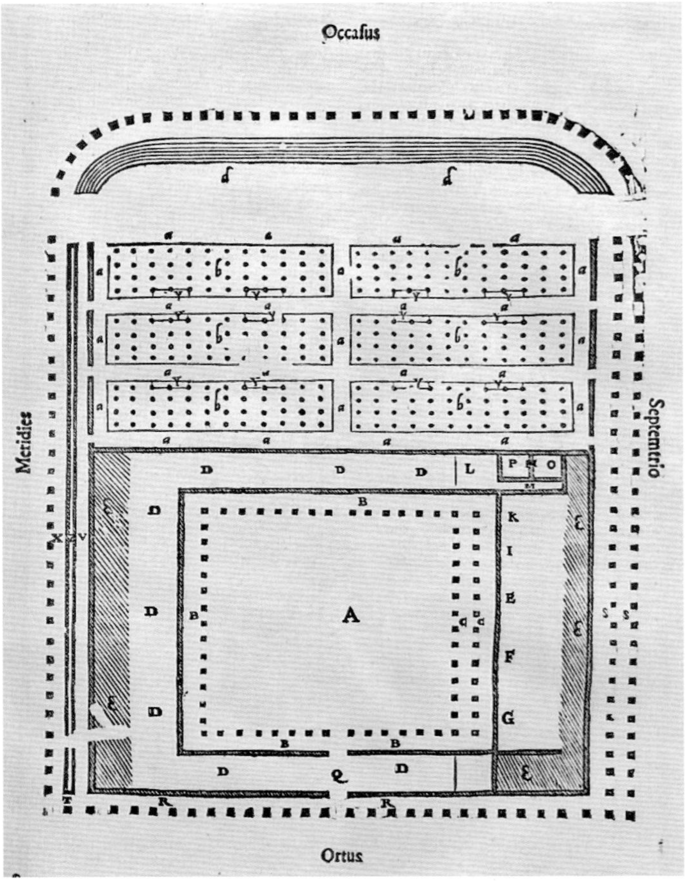

根据维特鲁威乌斯的文字绘制的体育馆平面图，收录于梅尔库里亚利 1569 年版《体操艺术》。照片由本书作者拍摄；瑞典体育与健康科学学院藏书。

阿克罗蒂里（Akrotiri）拳击手壁画，作于约公元前1700年。“拳击男孩”（Boxing Boys）是最早的体育运动的代表之一，被绘于古锡拉宫殿（位于如今的圣托里尼岛）宫墙。雅典国家考古博物馆馆藏作品。

“游泳者洞窟”（Cave of the Swimmers）中的人物彩绘，出自埃及西部沙漠大吉勒夫高原梅斯特卡维洞窟（Mestekawi Cave），作于约公元前 9000 年，是最早描绘游泳的作品之一。

伊特鲁里亚“狩猎与捕鱼墓”（Tomb of Hunting and Fishing）中的潜水者，位于意大利塔尔奎尼亚，作于约公元前 6 世纪。考古学家认为这是对日常生活的描绘。在那个时代，是否会游泳关系到生死存亡。

《剑术学院》，由热拉尔·蒂博·当韦尔作于 1630 年，是介绍击剑艺术的精美配图佳作。照片由本书作者拍摄；瑞典体育与健康科学学院藏书。

墙面浮雕，描绘了赫卜塞德节“仪式跑”中的哈特谢普苏特女王（Queen Hatshepsut，古埃及女法老），作于埃及第十八王朝（约公元前 1479—前 1458 年），是描绘人类奔跑的最早表现形式。这里的奔跑并非为了狩猎或逃命，而是为了向神明致敬。

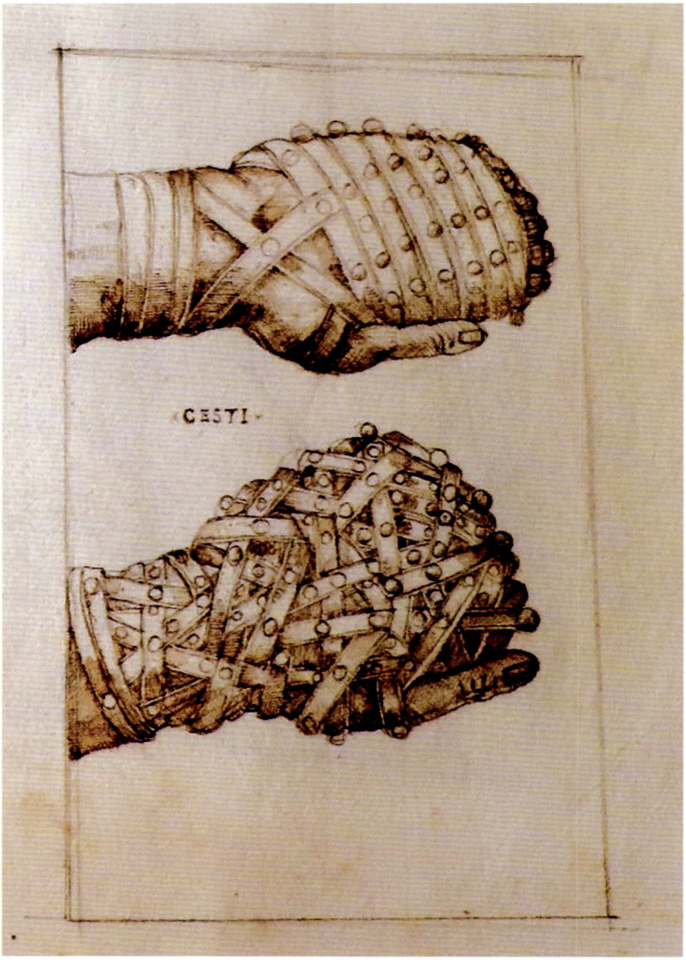

《拳击手套》(*Caestus*)，描绘了拳击手裹好的双手，皮罗·利戈里奥为梅尔库里亚利1573年版《体操艺术》创作的原作。照片由本书作者拍摄；由意大利贝拉岛博罗梅奥档案馆和博罗梅奥家族提供。

斯德哥尔摩皇家中央体操学院课堂，摄于约 1890 年。该校由佩尔·亨里克·林格创建于 1813 年，是世界上首家专事体育教学和培训的学校，向男女两性开放。瑞典体育与健康科学学院藏品。

《训练中的玛丽莲·梦露》(*Marilyn Monroe Working Out*)，摄于 1952 年。©philippe halsman/magnum photos

在美国广泛游历讲学的知名瑜伽士辨喜，在世界各地办有瑜伽中心。于 1885—1895 年摄于印度斋浦尔。

尤金·桑多，由拿破仑·萨罗尼（Napoleon Sarony）摄于1893年。普鲁士健美运动员桑多以“完美”体格享誉全球。他著有大量介绍其重训和运动方法的书籍，游历过美国和印度，还开办了以自己名字命名的健身房。

描绘女性参与体育运动的地板镶嵌画，又名“比基尼女郎镶嵌画”（Bikini Girls Mosaic）。出自位于西西里岛皮亚扎-阿尔梅里纳（Piazza Armerina）的卡萨尔的古罗马别墅（Villa Romana del Casale），4世纪；联合国教科文组织世界遗产。

《维奥莱特·沃德与黛西·埃利奥特及自行车》（*Violet Ward and Daisy Elliott with Bicycles*），玻璃板底片，由艾丽斯·奥斯汀（Alice Austen）摄于约 1895 年。里士满历史小镇（Historic Richmond Town）藏品。

由我们并不清楚。（人们不禁要问，他公认的竞争对手米开朗琪罗是否与此有关，哪怕只是些微有关。）利戈里奥恳求法尔内塞红衣主教为他说情，3周后他终于得到释放，也没有受到进一步指控。当时利戈里奥已经55岁上下。他设法在罗马继续过了一阵，但后来又遇到了麻烦：他公开批评了米开朗琪罗在圣彼得大教堂的工作，随后遭到教皇解雇。为了养家糊口，他将自己的勋章收藏卖给了法尔内塞红衣主教，但他显然已经在罗马变得不受欢迎。红衣主教似乎再度通了点关系。利戈里奥被任命为“古文物研究员”，在法尔内塞的侄子阿方索二世·德埃斯特公爵的宫廷效力。和梵蒂冈建筑师以及饱受青睐的艺术家相比，这自然是向后倒退了一大步，但起码职位稳定，收入也有保障。他毕竟有5个孩子要养。利戈里奥搬去了公爵在费拉拉的宫廷，梅尔库里亚利作品的第一版刚好差不多也是在那时问世。

世事变迁。现在利戈里奥能有份工作就已经感到庆幸，而梅尔库里亚利则正如新星般冉冉升起。《体操艺术》第一版大获成功。梅尔库里亚利受到鼓舞，准备再出个修订版。他的出版商也愿意自掏腰包，为新版本添加版画插画——这将让这部作品更具特色和魅力。他们毕竟有过出版医学类、解剖类、宗教类插画手册的成功经验。图画可以带动图书销售。说来也巧，梅尔库里亚利才华横溢的前同事皮罗·利戈里奥那时刚好住得不远。

亚历克斯打开对开本。我对第一幅画的内容感到完全陌生：两名男子在战斗，一个拿着三叉戟和大网，另一个高举着一个看似大木槌的东西。

“不是你死，就是我亡。”我说道，“他们是角斗士?”

亚历克斯用力点点头。画中描绘的是某种特定类型的比赛，参赛者为“*retiarii*”，或称“网夫”。它有点像是斗牛和鱼叉捕鱼的结合体，只是没有牛和鱼。亚历克斯解释道，这幅画没被梅尔库里亚利选进《体操艺术》，而且可能是唯一落选的一幅——堪称明智之举。鉴于特伦托会议已经禁止决斗，这幅画可能会招来教会当局的审查。但尽管如此，让我觉得有趣的是，利戈里奥居然画了这样一幅画，因为它恰好标志着运动史上的迷人注脚——325年，罗马皇帝君士坦丁下令禁止角斗比赛，运动由此走向终结。

亚历克斯为没有更好的桌子、照明、条件感到抱歉，但他鼓励我花点时间好好看看图纸。“你自己来吧，亲自经手，你会感到快乐的。”他热情洋溢地说道。

我把所有画都仔细看了一遍——摔跤手、拳击手、举重的人、爬绳的人，还有荡秋千的女人。纸很脆，很容易碎，还有点儿泛黄，但画保存得很好。我都不敢相信自己有这样的好运。“这就像是在触摸利戈里奥，甚至几乎就是见到了梅尔库里亚利本人。”我小声道，“触摸历史——”

“——没错，没错！同谋怎么说？”

我一头雾水。

亚历克斯挣扎着，想找到类似的英语单词。最后他沮丧地大叫道：“等等！”接着又呢喃起来：“同谋，同谋。”

“友谊？”我猜道。

“不不不不……比如说你去抢劫，这种时候的那个叫什么？我带着枪，你和我一起，但你没有佩枪参与，只是待在附近。你是——？”

“望风？看有没有警察？”我实在不理解这和利戈里奥、梅尔库里亚利有什么关系，或者和亚历克斯与我有什么关系。

“不不不。我杀人的时候，你在……帮我，但你待在旁边……你是？”

“哦！帮凶？”

“对对对！帮凶！”

谢天谢地，我觉得头都要炸了。

“帮凶，同谋。”他澄清道，“我希望能在我们之间建立起某种同谋关系，这样就会有更多人知道利戈里奥和这些档案。”

“当然。”我说道。我们握了握手。

这时，他露出一个鬼祟的微笑。“我想给你看点东西，”亚历克斯说道，“拳击手的画。”

我伸手去拿有两个男人打斗、两人各举起一只胳膊的那幅画。

“不，不是那幅。是这幅。”亚历克斯说道。他指着利戈里奥画的两名拳击手的手部特写，两人都裹着有铆钉的皮绷带。“你有注意到什么不一样的吗？”

我指出这肯定不现实——拳击手不用这种有金属铆钉的绷带，这等于拥有了黄铜指节。利戈里奥跟在其他地方一样，在这儿进行了自由发挥。（他声称这些图像是基于古代钱币的真实还原，但这并不属实。）然而这并不是亚历克斯想说的。他让我数数每只手有几根手指。

“1，2，3，4，5，6……6，7？”大拇指画得很清楚，但其他手指都不成比例，而且多达六七只。我拿起我那本《体操艺术》，找到了拳击手的手部插图。利戈里奥的线条

粗糙松散，反观版画家，则是清楚明了、轮廓分明。利戈里奥仿佛只是匆匆画了张草图，并不追求解剖学上的正确，然后再由印刷厂的工匠将画制成插图，在这一复杂过程中为草图定稿。（方法是将利戈里奥的画转印到木头上，刻掉无须印刷的部分，留下浮雕表面准备打墨。）见到插图的前后对比，让我想到两件事情：利戈里奥一定画得很快，从这些图像来看，或许几分钟就画好了；另外就是，这些画的视觉冲击、大胆和感染力同样也要归功于制作木刻的能工巧匠，他们一如惯例地未曾领到功劳。

“他怎么会犯那样的错误?”亚历克斯问道。

“他不是一个生性一丝不苟的人。”我答道。利戈里奥是个大忙人，总是同时兼顾好几个项目，为收支平衡而挣扎。但对他来说，费拉拉至少是个稳定的地方。利戈里奥在为梅尔库里亚利完成画作 10 年后在费拉拉去世，享年 70 岁，几乎没给妻儿留下分文。他还在同一时期完成了一件留存至今的重要作品：公爵城堡中的屋顶壁画，绘制于大部分原建筑在大地震中遭毁之后。我听说那些壁画借鉴了他为梅尔库里亚利《体操艺术》创作的图画，或者是反过来，是《体操艺术》的画复制了那些壁画。两者的先后次序并不十分明了。亚历克斯说他没去过那座城堡，但他鼓励我去，不过也不全是为了看利戈里奥的壁画。“去费拉拉一定要尝尝那里的西红柿酱和博洛尼亚肉酱，”他一脸向往地说道，“你不知道我有多爱食物。”

我大笑起来。“说到食物，我正好饿了。我们去吃饭吧。我能请你吃午餐吗？”

“当然。”这位利戈里奥画作的守卫者答道。

驳斥那些认为人人皆应运动的人

A Refutation of Those Who Think Everyone Should Exercise

每天运动的时间不应少于2小时，不要去管天气。
身体柔弱，心灵也必不强健。
——托马斯·杰斐逊（*Thomas Jefferson, 1743—1826*）

我已经来了意大利3天，却只见过一个人运动：我从米兰来的那晚，有个年轻人在帕多瓦的鹅卵石街道上慢跑（也或许是个美国人，如果纽约大学的T恤和一脸坚决严峻的表情能说明什么的话）。我在闲逛时找到一家健身房，可里面没有人。但我见到年轻的情侣接吻，男人聚在一起抽烟，学生簇在一起讨论，有说有笑。骑自行车的人倒是不少，但骑车似乎主要是交通方式。这座与世无争的小城几乎没有汽车，只有自行车。除了淅淅沥沥的雨声，便只有自行车车轮轻柔的“嗖嗖”转动声。骑车的人右手把着龙头，左手打着雨伞，看上去异常轻松，仿佛那就是左手该有的用途。

我自然想知道梅尔库里亚利会怎么看——我是指自行车！（列奥纳多·达·芬奇设计过自行车的说法已经证伪，自行车的发明是在19世纪。）这位医生自然会加以赞许，而原因不仅是骑车对心血管有益，或是会锻炼到下肢。“这真是个让体液保持流转的妙法。”他想必会这么觉得。

与此同时，即便这里鲜有人在公共场所有规律地剧烈运动，梅尔库里亚利也不会感到错愕。可以不代表应该，对此他深有感触。虽然从表面上看，这是个让人费解的矛盾。他书里有一章专门探讨了这个问题。他在谈到那些认为人人皆应运动的人时说道：“他们显然是产生了幻觉！”他表示，体育运动会对有些人“造成巨大伤害”，包括体弱的人、病人、“无力的人”，还有老人。也有人不适合运动，比如体质天生湿热者。出汗会让这些人体液失衡。另外还有一类人他没提到：那些可能因为运动有失身份而永远不会运动的人。文艺复兴时期的人更常把运动与劳动，和体力劳动而非健康联系在一起，这自然让贵族、乡绅和商人阶级兴致索然。（讽刺的是，他们恰恰是最买得起梅尔库里亚利书的人。）

和梅尔库里亚利生活的时代不同，如今几乎人人都知道真正的出汗运动的益处。无人不知，无人不晓。人们确实很难提出“反对”。出汗运动对生理和心理健康的总体益处现在是有据可查，广为人知。你可以试着反对一下，一如作家马克·格雷夫（Mark Greif）2004年的随笔《反对运动》（*Against Exercise*），或哲学家珍妮弗·迈克尔·赫克特（Jennifer Michael Hecht）2007年的著作《幸福的神话》（*The Happiness Myth*）。格雷夫的观点颇为讽刺，只读一遍或许还感受不深。他针对的主要是镶着镜子、器械闪闪发光的现代健身房，将之比作“秩序井然的自我安慰室”。但对于在公共场所运动的人，他也同样不留情面（且文笔幽默）。例如，他这样描写跑步的人：“跑者用速度和自恋破坏着行走、思考、交谈及日常接触的空间。他将无所事事者从白日梦里撞飞，在说着话的两人中间穿梭。跑者可以把汗水当众洒到社交者和孤独者身上，做到既反对社交，又反对孤独。”

赫克特组织理据、论证人们对运动言过其实的方法没有那么浮夸和私人化（或者说个人化），而是更科学、更历史化。她断言：“事实上，在人类历史的大背景下，我们认为美好生活少不了大量体育锻炼的想法相当怪诞。”接下来，她对一种蕴含着无数矛盾和混杂信息的文化进行了评论。这种文化既发明了自动扶梯，又发明了爬楼梯机；既发明了电梯，又发明了踏板操。此外，“我们希望同事来上班时穿得干干净净，下班时依然干干净净；但又希望他们有独立的健身房衣柜，里面浸满了他们的汗水。多奇怪的行为”。

确实奇怪，但在我看来，两位评论家都给人一种为了反对运动用力过猛的感觉——无论是挑衅、耍小聪明、嬉皮笑脸，还是单纯反对。这并不是说运动像有些人说的那样能治百病，也不是说所有运动形式都有益健康，或者过度运动有利无害。事实上，经证明，运动对促使人们运动的一个主要原因——减肥的功效极其有限。大幅减少热量摄入比燃烧热量更有助于成功减肥。在健身房跑 20 分钟跑步机只能消耗约 300 大卡，约等于一杯冰激凌的热量。

另外，人们可能因为各种原因不爱运动，鄙视运动，厌倦运动，决定永远不运动，但同时也不否认运动对自己有益，至少在某些方面有益。西尔维娅·费雷托（Silvia Ferretto）是一位青年医学历史学家，负责为我讲解梅尔库里亚利的帕多瓦时期。我第一次见到她时提到了我的研究课题，但她似乎完全不感兴趣，甚至不屑一顾。至于她自己，她说比起运动，她宁愿抽烟，说着便点燃了一支高卢牌香烟。

费雷托博士带我参观了帕多瓦的整个中心城区。不是骑自行车，而是走路参观，中途为了抽烟休息了几次。陪同我们的还有我雇的翻译阿尔贝托（费雷托博士不会说英语）。梅尔库里亚利曾在近500年前在此居住，我们走的鹅卵石街道正是他当年走过的那些。帕多瓦是一座迷人的城市，不难想象，梅尔库里亚利当年一定对它爱得不浅。尽管如此，还是有个问题悬而未决：他为何会抛下一切离开罗马？他在那儿的生活听起来光彩照人。他住在一座配有侍从的宫殿里。身为私人医生，他的雇主是当时最有钱有势、在大多数人眼中最受爱戴的人物。梅尔库里亚利可以乘坐马车前往法尔内塞家族位于城外的奢华度假屋，为公务或家族事务周游意大利。他可以使用全世界最好的图书馆，甚至还获得了“罗马公民”的称号——一种类似于“城市钥匙”的荣誉，标志着人们对他的尊重。

光彩照人或许不假，但也只是在回首往昔的时候：梅尔库里亚利在39岁离开罗马，当时尚未成婚——红衣主教的官方宅邸文书院宫禁止女性进入，男性则被要求独身，为了住在那里，他不得不保持单身。或许他仅仅是想安定下来。（他确实也做到了。两年后，即1571年，梅尔库里亚利和弗兰切斯卡·迪巴尔托洛梅奥·比齐成婚，两人育有两子三女。）或许他是想要教书——为了替《体操艺术》收集资料，他进行了广泛的阅读，或许他是想将从中学到的先贤智慧和知识带进课堂。又或许，罗马教廷时而变幻莫测的不明朗局面也影响到了他，而他明智地全身而退，而不是像利戈里奥流放费拉拉那样，沦落到被迫离开。历史学家理查德·帕尔默（Richard Palmer）指出："廷臣的争宠行为容易引发奉承、忌妒、诽谤、怨恨、分歧，并最终导致希望的破灭。"人们也可能会自觉像枚棋子，受到了当权者的利用。梅尔库里亚利有少数罗马时期的书信留存至今。他在其中一封信中暗示，自己的领导法尔内塞红衣主教利用了他的医学知识，将其作为庇护形式（或许甚至是作为回报，比如回报别人的帮助）提供给任何他想要拉拢的人。

有一件事似乎很清楚：《体操艺术》的出版反响良好。帕多瓦大学为梅尔库里亚利提供了收入丰厚的工作机会，这其中也一定有这本书的功劳。他在1569年夏天离开罗马，同年10月6日正式就任实用医学教授一职，任期18年。1个月后，他上了自己的第一堂课。

据记载，帕多瓦大学在6年后和梅尔库里亚利续约，他还获得了加薪——年薪从600弗罗林涨到900弗罗林。然而，一场不久后爆发的灾难几乎让他身败名裂。1575 年 8 月，黑死病在不到 40 公里外的威尼斯暴发。为抑制疫情蔓延，梅尔库里亚利受召建言，但结果并不理想。梅尔库里亚利不明智地建议不要隔离病人，他显然认为这样会加重恐惧。遗憾的是，疫情迅速升级：5 万名威尼斯人（总人口 18 万人）和大约 1.3 万名帕多瓦人死亡。梅尔库里亚利和其他官员因死亡数字过高而遭问责，但没有受到刑事指控。值得称道的是，梅尔库里亚利认识到了自己的错误。他在后来讲抗疫的《论瘟疫》（*On Pestilence*）一书中写到了这个故事，以期引起警示。时至今日，这本书或许依然可为我们所用。

我们一路上参观了帕多瓦大学，去了按照 16 世纪设计修复的著名解剖教室；见到一个有 500 年历史的讲台，应该就是梅尔库里亚利当年在教室用的那种；还参观了帕多瓦植物园，那是全世界最古老的学术植物园，梅尔库里亚利曾在此种植草药，向学生讲授医学。但让我印象最深的还是帕多瓦大学图书馆。这座建筑本身并不特别，行政办公室让我想起美国的机动车辆管理局。但那里有种毋庸置疑的历史氛围。这座还没完全进入 21 世纪的图书馆仍在沿用卡片目录——我很爱翻阅这些卡片，它们有种与众不同的触感。卡片堆在一起，比书还厚。我在字首索引“M”下找到两沓梅尔库里亚利作品的卡片，挑了3张出来:《体操艺术》第一版和18世纪版，以及梅尔库里亚利的小儿科著作。这3本书我都没看过。为了获得阅览这些珍本的许可（通常需要一周），费雷托博士当场使了些外交手段。图书管理员先是皱眉反对——他当然得反对，总不能让违规操作显得不费吹灰之力；然后终于一如所料地让了步。取书需要半小时。

我和西尔维娅、阿尔贝托利用这点时间，爬上了环绕着房间的狭窄过道，过道上堆满了书。我在一本布满灰尘的16世纪学生登记册上发现了梅尔库里亚利在担任实用医学教授期间教过的学生的记录。这一职位伴随着一些不讨喜的行政职责。他不得不充当德意志民族艺术家协会成员的“保护人”（实际上是某种倡导者），他们都是从北欧各地前来帕多瓦大学学习的学生。然而，有一次，他被吹捧过誉的外交技能受到了考验。当时帕多瓦主教下令，这些学生（大部分是新教徒）必须参加天主教仪式，学生们愤然反抗。他们声称受到了歧视，显然还举报了梅尔库里亚利，抵制他的课，并呼吁梵蒂冈当局出面帮助。我想他除了遵守主教的规定，也别无其他选择，尤其是在当时严峻的宗派氛围下。但最后终于达成了某种决议，梅尔库里亚利一定感到如释重负。他不是个会拿自己名誉冒险的人。一个尤其重要的原因是，他的书也面向意大利以外的学生和医生，而这部分销量还要仰赖他的好名声。

桌上的服务铃响起来，通知我们书到了。“特殊乘客”乘坐着图书馆升降机。我们迅速下到主楼层。我想都没想就伸手去拿那叠书，结果图书管理员往我身前一拦，用意大利语严厉地说了些什么。阿尔贝托凑到我耳边，向我小声翻译道：“掉了你就等着掉脑袋吧。”

我请他原谅，然后退了回去。那位图书管理员把书放到一张宽大的桌子上，我们仨在桌前围坐下来。这次我终于也做了回翻译。这天早晨前，西尔维娅和阿尔贝托还从没听说过吉罗拉莫·梅尔库里亚利的大名。

3 本书都完好无损。能见到《体操艺术》1569 年的第一版真是让人不可思议。书的尺寸很小，里面有献给法尔内塞红衣主教的题字，还有小心折好的插图，也是这个版本唯一的插图——一张超大木版画，上面是维特鲁威风格运动场的建筑图纸。虽然第一版确切的印数不得而知，纳顿博士认为最有可能出了 500 到 1000 册。

我在查看这本《体操艺术》时，费雷托博士仔细翻阅了这本书的18世纪版，出版地是阿姆斯特丹。这个版本要大很多，可能有46厘米宽、61厘米长，用的是漂亮的厚纸，还印有精美插图——比利戈里奥的插图还要制作精良。所有元素都似乎有那么点夸张，采用的是洛可可风格，明白无误的18世纪作品，就像朴素的1569年版，一看便知属于文艺复兴后期。

费雷托博士小声念出了《体操艺术》的几个章节标题，从拉丁语翻译过来依次是，“何时运动”“该做多少运动”“论跑步的本质”“驳斥那些认为人人皆应运动的人”。她摇摇头，似乎不太相信这是真的——真的是来自500年前。梅尔库里亚利医生有没有可能让她开始试着运动？观察别人对这本书的反应让我异常满足。

离开图书馆后，我们互道了再见，各自离开。我在西尼奥里广场附近的酒吧点了块比萨。边喝啤酒边等的时候，一名意大利青年向侍者点了单。他从口袋里掏出所有零钱，发现不够付账，便又从钱包里的身份证底下掏出张欧元纸币，仿佛那确实就是他身上最后的钱。

明显是个学生，我心想。不一会儿，一大群学生蜂拥而至，和年轻人坐到一起，有15到20个的样子。他们热切的表情让我想起那些挚爱梅尔库里亚利的学生。他们把他在课堂上说的话一字不差地记了下来，将这些笔记变成了《身体之美》等书。然而，那些学生不到10分钟就走了——他们出去抽烟。酒吧顿时空了下来。他们不是像在美国一样，只有一两个孤独的吸烟者被发落到人行道上，而是所有人一起，快乐地吞云吐雾，大笑，争论。那场景如此欢乐，看得我几乎想要加入。

休息原则

The Rest Principle

至于体育训练，我们认为那是种智慧形式。

——菲洛斯特拉托斯，约 220 年

另一群学生，另一番街景。2011 年 10 月末，一个下着雨的寒冷早晨。这次不是明亮斑驳的帕多瓦，而是曼哈顿中城。没有意大利大学生，只有 25 名身材好得出奇的年轻男女——还有我。我们等待着，没有人抽烟。

这幢建筑会在周六关门也是意料之中：这是个健身房，只在工作日开放。然而，这里大门紧锁，也联络不到人开门，这就说明有事出了差错。我们的讲师——一个穿着风衣、看上去很健康的家伙——向我们这个小群体证实了这点。他生着闷气，但表情说明了一切——他目光如炬，嘴巴紧闭，让人想起吃了自家教堂闭门羹的教区牧师。

最后，大概过了 20 分钟，一名健身房员工出现了，道歉说自己睡过了头。这人打开门，把我们放进去。我们挂好衣服，晾好雨伞，纷纷走进满是隔夜汗味的有氧操房。里面已经布置好了折叠椅和投影屏。当电灯熄灭、第一张幻灯片闪出的时候，我顿时有种似曾相识感，“人体解剖学——研究人体结构的科学”。为了替《解剖学家》（*The Anatomist*）做调研，我参加过一个为期一年的人体解剖学课程。那已经遥远得像是上辈子的事了。上课地点是在旧金山一所重要大学的大演讲厅里，那里的学生都是未来的医生。而我们这些人聚在一个本该关着的纽约健身房里，则是为了追求一个略微相关但平淡得多的职业——持证私人健身教练。

我没想做职业教练，只是希望学习成为教练的必修内容，也想增进我对运动、解剖学、运动机能学的外行理解。那里的其他人则肯定都是为了开始新的职业。他们有舞者、演员、前大学运动员（男女都有）、不想再侍餐侍酒的服务员。接下来的 8 周里，我们每个周六、周日都要上课，从上午 9 点上到下午 5 点，共计超过 120 个学时。

讲师在做完自我介绍后开始讲课。我们在屏幕上首先看到的画面，和维萨里《人体的构造》中绘于约 400 年前的插图并无太大不同：一个真正的“肌肉”男——一具没有皮肤的躯体，展示着最靠近皮肤的肌肉层。记忆人体主要肌肉，说得更确切点，理解这些肌肉的作用、位置、功能构成了我们学习的基础。知道哪些肌肉能让我们做到什么（举、跳、蹲、弓步、屈伸）很重要，但同样重要的是，充分理解它们让我们避免了什么——四分五裂，缩成一团，倒在地上。例如，腰椎为胸腔和臀部之间的区域提供了唯一的骨骼支撑，所以此处的大部分其他支撑都是来自构成腹壁的肌肉。腹肌位于人体前侧和两侧，分为3层，可帮助腹部容纳消化系统主要器官（好比盖紧的密封保鲜盒盖子），让身体保持直立。

说到运动，肌肉得到的功劳和关注无出其右，但真正动（运动的实质）的部位其实是关节。关节有6类，即球窝关节、铰链关节、髁状关节、车轴关节、平面关节和鞍状关节。它们做的动作可由动作发生时所沿或所在的空间平面来定义，这些平面分别是冠状面（左右运动）、矢状面（屈和伸）和横平面（扭转和旋转）。这些平面显然是不可见的（需要进行想象），但一旦你意识到它们的存在，你看待身体、动作、训练的方式就会改变。理想情况下，训练应基于动作的不同平面，而不仅是不同身体部位。所以，你不会想在“练胸日”只练横平面动作（推胸、俯卧撑等），而是会想把不同平面和方向的动作结合起来，创造出可以为你塑造更匀称身材，同时也对关节更友好的训练势头。

我和医学院同学在解剖实验室解剖的是人体，但在那个培训的第一天，我们的任务其实是解剖人体动作。看够了幻灯片，也提够了问题，于是讲师把我们分成几个小组。每个小组都要对分到的训练动作进行解剖学分析——弓步、卧推、引体向上、二头弯举等；分析完还要向全班汇报。有的组跑去健身房分析举重、骑车、跑步用到的动作。我们组则分到一个看似简单的训练——深蹲。但它其实并不简单。

第一天上完课，我和同学离开健身房时都对动作的复杂性有了更深的了解，而且第二天上课前还有好多资料要读。我们有两本课本：一本是力量和健身训练指南，有550页厚；另一本是为课程专门设计的练习册。人们或许会觉得这样的文本是新生事物，就和运动科学是新生领域一样，但事实并非如此。古希腊哲学家兼作家菲洛斯特拉托斯在2000年前就写过这样的作品，这本名为《体操》（*Gymnasticus*）的书被认为是第一本讨论体能训练的作品。

这本书和梅尔库里亚利的作品非常不同，原因不一而足。菲洛斯特拉托斯不是医生，所以他的书不是医学文本。另外，他关注的是运动员的训练，而非大家约定俗成采用的各种运动形式的利弊。

此书可能写于220年至230年，作者当时大约50岁。（他活到80岁左右。）古希腊帝国的黄金时代早已结束，希腊正处于罗马治下。尽管竞技赛会和比赛得以保留，罗马也延续了雅典那样的运动场和浴场文化，人们的态度却在转变。相对而言，随着基督教成为主导势力，距离体育文化的消失已然不远。这是理解该书的关键，它在某种程度上是在捍卫古希腊的体育训练艺术。

但它又不止于此——或者，我得说，要更加尖锐。菲洛斯特拉托斯的文字也是对盖伦的强烈谴责，这名医生的作品恰好比菲洛斯特拉托斯早那么一点。盖伦在文章中对体育教练进行了严词抨击。当时有两种不同类型的体育教练："*paidotribe*"（相当于私人健身教练或体育教练）和"*gymnaste*"（提供运动、饮食、按摩建议的专家）。学者贾森·柯尼希（Jason König）翻译了洛布古典丛书（Loeb Classical Library）最新版的菲洛斯特拉托斯作品，他在他的译本中说"对于盖伦……这些教练是不通医术者伪装成专业人士的极端例子”。盖伦是在保护自己的领域不受庸医侵犯，因为他感觉这些教练“声称自己拥有他们不具备的医学技能”，有“僭越他的医学专业知识，并对服务对象的身体造成巨大伤害”的可能。盖伦在发表这一看法时，表达了对希波克拉底和柏拉图的赞同。对此，菲洛斯特拉托斯则另有不同意见。

尽管菲洛斯特拉托斯的争辩如今在某些人看来微不足道，在当时却非同小可。捍卫教练的观点或工作意味着不同意——甚至是反驳——几位医学和哲学之父的言论。然而菲洛斯特拉托斯似乎对参与这样的辩论毫不畏惧。他究竟为什么要这么做，确切的原因我们并不清楚。他本人不是教练，也没谈到过自己的运动史或锻炼史。他更多是在维护荣誉和传统，顺便也利用了一个他可以全力投入的话题。

“我已经决定……为教练和他们的课题贡献我所知道的一切，对自然进行捍卫。后者至关重要，因为如今的运动员已经不如以往。”他接着解释道，改变的不是运动员，而是体育训练，“是缺少健康训练和剧烈运动让自然失去了力量。”

菲洛斯特拉托斯在书的一开篇就毫不客气，将盖伦和柏拉图的话引为佐证："至于体育训练，我们认为那是种智慧形式，不亚于任何其他技能（比如诗歌和音乐）。也就是说，体育训练可以总结成论文，让想要开展训练的人受益。"

但他和盖伦一样，也认为严重医疗问题应当交给受过专门训练的医生："有骨折、皮肉伤、视力模糊、四肢脱臼等问题的人需要去看医生，因为体育教练的技艺与这些问题无涉。"

在这篇万字长文中，菲洛斯特拉托斯专门探讨了什么样的人能成为优秀教练——顺便说一句，对他来说这仅限于男性。为了说明这点，菲洛斯特拉托斯还讲了个罗德女子违规欺瞒，训练儿子参加奥林匹亚拳击比赛的故事，这个故事可能是出于杜撰。菲洛斯特拉托斯说，这名女子无论行事相貌，显然都很像男性，所以没人知道她其实是拳击手的母亲。她被揭穿后，"法律明文规定教练（在奥林匹亚和运动员一起工作时）必须全身赤裸"，以证明自己是男性。

菲洛斯特拉托斯接着写道，"我们现在来看下教练自己，看看是什么样的人在指导运动员，其知识范围又是什么。教练既不能唠叨，也不能没有口才"，这样他才能适当激励自己带的运动员。教练还要充分了解他的服务对象，“做运动员本性的某种评判者。事实上，他应该对各种性格特征了然于眼，这些特征会让懒人无所遁形”。菲洛斯特拉托斯强调，教练必须了解“整套相面术……还要考虑身体部位的特征，就像雕塑艺术一样”。

菲洛斯特拉托斯表示，他的文章旨在保存古代训练术的知识，但人们从中了解到的更多是教练不该做什么，而不是该做什么。比如，他的文章不包含具体的运动方法或计划，但有关训练离谱的警示故事倒是不止一个。在其中一个故事里，一名教练因为运动员“没有为获胜训练耐力”而用“锋利的刮身板惩罚他”，最终导致其死亡。在另一则逸事中（可能同样是出于杜撰），菲洛斯特拉托斯说一名教练让运动员死于过度训练：“教练发起火来，对他感到生气，因为他放松训练，中断了 4 日训练法（一种周期性的有计划严格训练法，以 4 天为一个周期）。最后，这名教练其实是因为无知，用自己安排的训练导致该名运动员死亡。即便运动员对自己的身体状况只字未提，他也没有安排他应该选择的训练项目。”

为期 8 周的私教培训课在一片混沌中过去。由于白天要全职工作，我只能在晚上学习生物力学、基础生理学、运动机能学以及别的科目。

能否通过结业考试不会影响我的事业，但会影响我的自尊。班上年纪最大的人不能是唯一不及格的人。好在我通过了，成绩还不错，也拿到了证书。这么多年过去，我依然记得开展个人长期健身训练的六大原则——结业考试考核的主要内容。这不是因为我记忆力超群，而是因为我在每一个概念中都找到了和我的工作、爱好（写作）有关联的东西，虽然这些概念也可以同样适用于几乎任何职业或事业。

首先是具体性原则。这是指训练目的即训练所得——要力量就训练力量。简而言之，训练目标要和训练一样具体。细节说明一切。

其次是超负荷原则。训练某个身体部位时，强度要高于习惯强度。你必须持续提供刺激，永远别让身体习惯某项任务，不然就别指望有变化。要逼自己一把。换句话说，就是要尝试新鲜事物，无论是在健身房、书桌旁，还是在办公室。有人或许会称之为创意交叉训练。

这就引出了递进原则。新任务一旦掌握，就要继续前进。无论是任务还是运动方法，都不要一成不变。不变会导向适应原则。如果不对身体施加新的要求，身体就会适应或达到内稳态——不是一个人理想的状态。所以别让自己太安逸。太安逸的后果，在训练和镜子里都会清楚显现。

可逆性原则强调，刺激一消除，成效即倒退——用进废退。任何形式的活动都要好过一点不活动。上不了动感单车课就上街走走。同理，要让创造力和智力保持运转，人就必须做事，什么事都行。

最后是休息原则，这条原则让我尤其慰藉。要取得健身效果，无论是力量、速度、耐力，还是其他目标（参见具体性原则），都要花时间充分恢复。

我的训练史和我的写作史一样长，所以最后这条原则我早就知道。然而，我在写作时从未严格遵守过这条规则。身体需要时间休息，散文、故事、章节、诗歌也需要，书则更加需要。

我在写完《解剖学家》后，大概有3年时间没怎么动过笔。我没有刻意放弃写作，也不确定我的停笔期是从哪天开始的，就像一个人说不出自己在哪刻入睡一样。只有在醒来后，你才会意识到自己昏迷了多久。

我一开始也没觉得自己写不出来。句子还是会冒出来，然后又悄悄溜走，仿佛对你的抚摩失去兴趣的小狗，转而寻觅另一只爱抚的手。这是双向的。当我对这些句子失去了兴趣，它们便也渐渐不再出现。

我并不想念写作，但还是觉得少了点什么——少了个幻想中的声音，有人或许会说。我十几岁起就立志写作，在许多地方发表过作品，还一口气写了 3 本书。这么多年来我第一次清静下来，既没有交稿日期，也没有任何期待，这样挺好，但也让我有点困扰。一个人如果日复一日不再写作，那还能自称为作家吗？

我从没撒过谎。如果有人问起，我会说我目前没在写东西，也没在酝酿任何东西，炉子上、烤箱里，都没有在煮、在滤、在腌的东西。我也没有饥饿感，但我很累，非常累。思考“休息原则”帮助我找到了回归写作的道路，也为我的直觉行为提供了理论依据。在这个问题上，我要引用一下美国国家力量与健身委员会（National Council on Strength and Fitness）训练手册（我们的培训课本）的内容：“随着运动单位加速疲劳，疲劳的影响将会更加显著，造成运动表现随疲劳程度等比例下降……恢复期时，肌肉纤维可以重建能量储备，修复因用力产生的损伤，并完全恢复到正常的运动前水平。”

意即不要在痛苦中挣扎，那样只会让你疼痛。给自己充足的时间恢复元气。

这段时间该持续多久？适用于肌肉纤维的也适用于创造力纤维。我的健身经验法则是 2 比 1：高强度训练 2 天，休息 1 天。然而，我的手册说，“对于持续高强度输出的情况”，需要更久才能全面恢复。这正是我的创造力的情况。我需要休息很久很久。

然后有一天，一个句子突然在我脑中浮现。这一次它待在原地没动，没有溜走。我循着它，像循着路一样。它把我带向另一个句子，然后又是一个句子。很快，碎片开始在我脑中连缀成线，仿佛等候在路边的出租车般，准备前往我想带它们前往的地方。然而，真正让我意识到这段停笔期已经结束的，并不是我开始写出来的那几页字。我的想法变了。写作不再是用页来衡量，就像作家也不是由出版成绩来定义。无论什么事业，要想成功，就要长期坚持，人们想尽量长久地保持身材、保持健康时也是一样。对我来说，这意味着保持身体和创造力的活跃，多做改变，对学习新事物保持好奇心和兴趣——我新学了摄影；当然，还要给自己充足的时间休息。我知道我身体里的那个作家，会像我身体里的那个健身爱好者一样，过得更加如意。

在罗马运动

Esercizio a Roma

这位博学的医生忽略了许多方面，他还不如什么都不写。

——约瑟夫·斯卡利热尔（*Joseph Scaliger*），

《评吉罗拉莫·梅尔库里亚利》（*On Girolamo Mercuriale*），

约 *1604* 年

米兰和帕多瓦之行固然短暂即兴，几个月后，我又以罗马美国学院（American Academy in Rome）访问学者的身份回到了意大利，而且这次一待就是5周。我的目标：追随梅尔库里亚利的脚步，感受下这个他生活过、工作过、写下《体操艺术》的地方。学院不仅提供了绝佳的住宿条件，还提供了自己的内部资源，包括图书馆、学院员工及学者和艺术家同人。同事中有不少能讲一口流利的意大利语，能为我探索罗马提供帮助。我一直渴望能进梅尔库里亚利居住过的文书院宫看看，但结果发现，那里现在仍是教廷文书院，无论学者游客，外人一律不得入内。另外，法尔内塞宫目前是法国大使馆所在地，对外提供导游讲解游览。我到罗马不久就出发去探了探路。

前往法尔内塞宫，要下山后穿过台伯河，再走一小段。宫殿坐落在鲜花广场附近的小广场，周末闭门，门口有凶神恶煞的武装警卫把守。我发现那是座宏伟的巨大建筑，不美不丑，也毫不华丽。它外观整洁，风格克制，确实有种高深莫测的感觉。但尽管毫不铺张，建于16世纪初的法尔内塞宫并不缺少宫殿的气派。我不禁在脑海中浮现出金库的画面，一座巨大的银行金库：那些结实的墙背后，一定有过让人难以置信的财富、历史和权力。

回到学院，一位熟稔罗马和罗马建筑的建筑史学家为我勾勒出了这座三层宫殿的基本平面图，还猜了猜声名远扬的法尔内塞图书馆可能在哪儿：它最可能在楼上，而不是地下室，地下室可能是数百名仆人和工人的住所。

当天晚上，正式饭厅里办了场传统的餐前鸡尾酒会——品尝内格罗尼酒、结识新朋友的社交场合。我在酒会上碰到了传奇厨师艾丽斯·沃特斯，她是伯克利帕尼斯之家餐厅的创立者。她这次要在罗马停留数周，为她长期参与的罗马可持续食品项目（Rome Sustainable Food Project，2007年经她指导成立）工作。项目一方面利用了属于学院的大片菜园，另一方面也在为罗马的当地农民和其他机构及餐厅的有机供应商伸张权益。我们之前见过几次，那是好多年前我还住在旧金山湾区的时候。当我告诉艾丽斯我在罗马的工作内容时，她露出了困惑甚至是困扰的表情。她本以为运动完全是现代概念。当听到我说几千年前其实就有健身房，而且罗马就有时，她看上去一点也不高兴。在她看来，健身房是很糟糕的地方。“健身房是锻炼快餐。”她这样宣称。她评论道，人们觉得自己必须上健身房锻炼，这让人非常不快。“它没有成果，没有产出。运动与体力劳动和自然间的联系已经不复存在”这个话题让艾丽斯突然激愤起来，这既出人意料，又令人精神一振。

“我每天早上 7 点起床，然后出门走 45 分钟，”她继续说道，“不管我人在哪里，也不管我感觉如何。我不看天气，就只管走路。这让我有时间思考这天要干什么。然后我回来，井井有条地安排好工作。我总是，总是能学到点什么。”

她补充说，她一直在为食物工作，在她伯克利的餐厅，在罗马，在其他地方，而她很希望看到自己的食物哲学转化成运动哲学：以自然、愉悦的方式融入日常，无须努力，无须技巧，无须铺张，无须流汗——她没有用这个词，我也迟迟没有告诉她我书的标题。“这是去健身房和跳舞的区别：一个是工作，一个是乐趣”。或许让人望而却步的是运动这个词。艾丽斯说：“在我的生活里，那一直是我工作的一部分：把箱子从地下室搬去餐厅，扫台阶，上下楼梯。我不会把它看成其他事、一件独立的事。”

我想起运动据说在中世纪“消失”的原因，以及这种说法为何不完全正确。运动没有消失或灭绝，只是中世纪没有像古代和现代那样，那么刻意地区分推广运动。除了富人，人们确实会扫地，搬运货物和农产品，在花园里工作——也就是会动。他们从起床一直干到休息。他们也会跳舞。梅尔库里亚利在题为“舞蹈的目的和场所”的一章中指出，人类一直都有跳舞，如果不是为了运动，那就是为了社交，为了在跟着节奏扭动身体时收获点纯粹的快乐。与梅尔库里亚利几乎同时代的威尼斯生理学家兼医生桑托里奥·桑托里奥（Santorio Santorio）也表示同意，不过他也谨慎地指出：“适度舞蹈，不加入跳跃，这样最接近走路的益处。”他在自己的格言书中写道，“因为可随汗液排出的已消化物质，可以慢悠悠地排出”。

艾丽斯提到了另一位意大利医生的哲学，即同时也是教师的玛丽亚·蒙台梭利（艾丽斯在创办帕尼斯之家前，在一所蒙台梭利学校教书），“在蒙台梭利，他们教导说有

‘工作’，也有‘玩耍’，两者都很重要。但以现在这种情况，运动属于‘工作’，可它不应该属于这个范畴——好像人要为了身体健康工作似的。这样不对。健康不应该是运动的目标。把‘快乐’作为目标（就和跳舞一样），身体自然就会健康。”

艾丽斯的观点激发了我的兴趣和好奇心：放弃健身房，慢下来而不是快起来，去户外，让身体动起来，不管天气，别窝在室内，多跳舞；慢慢燃烧，而不是剧烈燃烧。对我来说，这似乎是典型的“本土化”，以你自己的身体为本土——将身体视为最根本的可持续资源。

几天后，我又回到法尔内塞宫，打算只预约参观图书馆——预约是标准程序。这是学院里给我开入馆介绍信的图书管理员的建议。然而，当我到达大楼宏伟的大门前时，武装警卫根本就没理我。然后有 3 人同时抵达，其中一个输了门禁密码。大门徐徐打开。我趁势跟着他们进去，门在我身后合上。我在那 3 人的带领下通过安检，在接待处排起队来。我举着学院开的介绍信询问预约的事情，像在机场举着接机牌的出租车司机一样。柜台后的人漫不经心地答道：“对，2 楼。”同时指向通往 2 楼的宽大的石楼梯。

到了2楼，图书管理员瞥了眼介绍信，然后递给我地图和WiFi密码。“那请吧！”让我意外的是，我就这么被请了进去。

几分钟后，我发现自己正面朝窗户，坐在法尔内塞图书馆的2楼3室。窗外是宫殿的开放式庭院和天空。我和好几百人坐在一起，他们大多是楼里法语学校的学生。

我的周围书山书海。当然不是梅尔库里亚利当初借阅的那些，这已经不是同一座法尔内塞图书馆。但氛围一定不无相似之处。四周一片寂静，只能听到脚步声——走在石地板上的脚步声。除此之外便再没别的声音，我没听到任何说话声或私语声。我突然意识到寂静也分种类：有的图书馆里笼罩着一种紧张脆弱的寂静，一种一本正经的寂静，靠保安和规则强加的寂静。相比之下，这里有一种学生学习的寂静，一种读者阅读的寂静。我想，梅尔库里亚利在这栋大楼里收集资料、写作《体操艺术》时，享受的就是这样一种寂静。

我走进另一间阅览室。不为别的，只是因为我可以。我决定要在梅尔库里亚利本人可能坐过的每间房里都坐一坐。

这会儿我正在西侧，天空在我的右侧。我的左侧则是书架连着书架。书一直放到了天花板，放在最上面的得爬上过道才能取到。过道绕了房间一周，可以从角落的精美螺旋楼梯上去。

我从其中一座楼梯上去，在书架上随便拿了一本——《过去和现在：历史研究期刊》（*Past and Present: A Journal of Historical Studies*）。打开后恰好翻到一篇书评，评的是法国当代多卷本作品《身体的历史》（*A History of the Body*）。

这个标题让我想到自己的作品。运动史不是身体史，或者说肯定不全是身体史。它同时还是心灵史（意志、愿望、自律）——这甚至或许还是它的主要内容。因为没有有意识的愿望、动机、理由，人就不可能运动。正如梅尔库里亚利本人所说，是意图让活动成为运动，而不再只是工作。于是我特意趴到地上，在图书馆的过道上做了几个俯卧撑，做得尽量安静迅速，做到做不动为止。

俯卧撑的美妙在于，它几乎能用到全身。俯卧撑不需要任何器械，单单依靠人体就能强健肌肉，力度够大时对心血管也会产生功效。做俯卧撑时，以平板撑为起始动作——伸展双臂，锁住肘部，肩膀置于手腕上方，背部挺直，双腿完全伸展，脚趾收拢，头部放松，眼睛看向地面。保持身体稳定，避免塌腰或翘臀，做到这点已经很了不起——这需要背部肌肉（肩胛骨之间的菱形肌和斜方肌）、躯干肌肉（所有腹肌，外加维持脊柱稳定的肌肉）、颈部肌肉和肩部肌肉的积极参与。如果你只是尽量保持平板撑姿势，无论是保持 30 秒还是 3 分钟，都能让身体在等长运动中受益。

向地面放低俯卧的身体，再将身体撑起。这会用到组成肱二头肌的 2 块肌肉，组成肱三头肌的 3 块肌肉，以及前臂肌肉。胸肌（胸大肌和胸小肌）对维持身体稳定至关重要。肩部球窝关节旋转，以便在横平面上撑起身体。

从这样的解剖学角度出发，人们可以更好理解为什么俯卧撑通常对女性更难。俯卧撑特别需要用到上身肌肉，而女性的上身肌肉一般不如男性发达或突出。但即便如此，女性还是能和男性一样完成俯卧撑，不过可能要分阶段进行。我曾经有幸见过已故美国最高法院大法官露丝·巴德·金斯伯格，当时她已经 81 岁高龄。我借机询问了她个人的运动方法，她的答案让我出乎意料。

“我每天做 20 个俯卧撑。”她告诉我。

这很不寻常。首先，每天做俯卧撑是自律的表现，很少有人敢说自己每天都做。其次，20 个俯卧撑对谁都不容易，而对 81 岁的老人要格外不容易。

“真了不起。”我说。

这位最高法院大法官没太在意。“一开始我做不起来，”她说，“一个都做不起来。”她从推墙开始，然后做跪姿俯卧撑，最后终于做成了标准的军式俯卧撑。她不是自己要做，她立即补充道。她在 1999 年开始治疗癌症，从那时起就跟着一位私教训练。

“他救了我的命。”金斯伯格大法官实言相告。我们交谈的那个时期，她每周要跟教练训练 2 次。我以为是教练上门教课，但她澄清说，她会去最高法院大楼里的小健身房——向来是在结束一天的工作后，大约从晚上 7 点到 8 点。她会在椭圆机上边看新闻边热身，然后教练带她训练，内容包括哑铃、弹力绳、重训器械，以及俯卧撑、深蹲等自重训练。

“我在上诉法院时经常去跳爵士健美操。”她继续说道。想到金斯伯格大法官还会跳爵士健美操，我不禁对她更加钦佩。我可以轻松想见这位身材娇小、骨骼纤细的女士优雅、轻盈的舞步。但她不喜欢爵士健美操的音乐（她喜欢歌剧），所以后来就不去了。

她谈到这些时没有任何尴尬或不好意思。事实上，我莫名地觉得她喜欢运动这个话题，至少可以稍微聊下。我在向她道晚安和道谢时说：“我回家要做 20 个俯卧撑。”

“你年轻健康，”金斯伯格大法官用沙哑、低沉的声音说道，“可以做更多。”

体育教育

A Physical Education

头脑感兴趣，运动起来更有益，更能提振精神。

——凯瑟琳·比彻（*Catharine Beecher*），

《论家庭经济》（*A Treatise on Domestic Economy*），*1848* 年

离我计划离开罗马的日子还剩一周，我决定飞去斯德哥尔摩待两天。我发现运动史上深具影响力的人物佩尔·亨里克·林格（Pehr Henrik Ling）曾在 19 世纪初时在斯德哥尔摩生活工作。他 1813 年创办的训练机构还在原址，现在是一所运动科学学院。我还发现，斯德哥尔摩藏有大量有关运动、体育、身体文化的珍本。林格固然不是一个家喻户晓的名字，但他还是要比梅尔库里亚利等人有名一些，因为他的运动哲学直接影响了 19 世纪对运动的态度转变，尤其是在女性运动和儿童体育教学方面。其影响范围是世界性的，而非仅限瑞典国内。林格和他的许多追随者都是相当复杂的人物，我决心进一步了解他们。

在飞往斯德哥尔摩的飞机上，坐在我前面的女士抱着个男婴。母亲上下颠着宝宝，好让他安静下来。他的脸在头枕上方动来动去，模样很是滑稽。他或许有4个月大。我向他招手微笑，他便和我玩了起来。他从座位间的缝隙伸过手，想抓我的手指。我配合地让他抓了。他的握力很强——真的很强！4根小手指握着我肉乎乎的食指，松开抓住，松开抓住。他的大脑和神经肌肉系统正在学习。他在练习这个动作。从某种意义上说，这也是运动。最初的运动，我心想。我看得出他玩得有多开心——抓握的动作，手指和手部肌肉的发力，松手的满足，和人类同胞的互动。他咯咯笑着。当他做着这一系列动作时，各种各样的情绪让他胖嘟嘟的小脸充满了生气。他一而再再而三地把小胳膊伸过来抓我的手指。

我到斯德哥尔摩时已临近傍晚。天很冷，但空气很干，仿佛桑拿浴室一般，和潮湿、半融着雪的纽约的冬天很不一样。地上没有积雪，天只是很冷而已，还很黑。我在酒店办好入住，便穿得厚厚的出了门。有瑞典朋友给我推荐了自己喜欢的餐厅，从酒店坐公交车，再走一小段就行。街道一尘不染，也几乎空无一人，和罗马很不一样。迷路时连问路的人也找不到，但我最后还是找到了地方——一家名叫萨丁的小餐厅。我在拥挤的吧台找了个座位坐下，点了啤酒，和酒保攀谈起来。我说了我来斯德哥尔摩的原因。她和我此行遇到的许多人一样，看上去完全犯了难。“我帮不上忙。”她最后说道。她从吧台的碗里拿起一块巧克力，剥去包装纸后塞进嘴里，“我做这个。每天吃巧克力。我非常重视。”

我旁边的高脚凳上坐着两位穿着考究的瑞典中年女士。她们低调地聊了一会儿，然后发生了一种奇妙的生理现象，一种为人类所独有、有多种表现形式的现象。她们其中一个说了什么，两人一起放声大笑。另一个随即进行了补充——显然是个让人无法抗拒的细节。她们的笑声合二为一，在突然之间达到顶峰，仿佛向环道最高点冲去的过山车，然后又瞬间跌下轨道。她们的身体简直是遭到了笑声的“劫持”：眼泪滚下她们红润的脸颊，两人都笑到说不了话，甚至差点喘不过气，在凳子上前仰后合。笑和哈欠一样有传染性，我也笑起来，虽然她们的话我一个字也没听懂。最后，其中一人终于缓了过来，另一个还在咯咯笑着，但也已经进入尾声。“笑是一种解放！”她边用纸巾擦着眼泪，边用英语向我大声说道。“哦没错，笑总是好的。”她的朋友一边补充道，一边打了个嗝。我心想，没错。笑不仅有益精神，可以消解烦恼和悲伤，还是很好的运动。

发笑始于大脑——你看到、听到，甚至可能会闻到、摸到、尝到让你觉得好笑的东西。“让你觉得”是关键所在：发挥作用的是意外元素，即你预料之外的元素。因为笑固然可以预料（比如说你去看脱口秀表演，或者和有趣的朋友喝东西），但没有人会被命令逗笑。无论一件事以什么方式让你觉得幽默，你的全身上下、从头到脚几乎都会做出反应。犹他大学神经精神研究所的精神病学家林赛·威尔逊-巴洛（Lindsay Wilson-Barlow）表示：“开怀大笑类似于有氧运动，牵涉面肌、胸肌、腹肌和骨骼肌的收缩和放松。”她研究的是笑的生理学。[这门科学学科甚至还有名字——笑理学（gelotology），源自希腊词根“*gelos*”，意思是笑。这恰好也是希腊笑神的名字，在词源学上还与明胶（gelatin）有关。]

“笑的前 10 秒有 15 块面肌收缩放松，颧大肌（向上提拉上唇的机制）也同时受到刺激。极端情况下，面部可能变红或变紫。”威尔逊-巴洛接着说道。这表明突然有新鲜血液流过面部动脉和毛细血管，几乎就像受伤一样，必须立即修复。就连手臂、腿部和躯干肌肉都会参与笑的动作，整个循环系统当然也会参与。“研究表明，哪怕只笑 20

秒，心率也会在接下来的 3 到 5 分钟内加快一倍”。记者诺曼·卡曾斯曾在 20 世纪 60 年代对笑的疗愈效果做过个人研究，他将笑形容为“内脏的慢跑”，可谓恰如其分。考虑到腹肌收缩的强度，我要更进一步，将一阵大笑比作快做一组仰卧起坐（或许也一样有效）。

这种总体效果，梅尔库里亚利也在一定程度上有所认识。他在《体操艺术》中表示：“笑会晃动身体，让身体得到大量运动。谁没见过人笑起来时五脏六腑颤动、脸色发亮、头胸俱颤的样子呢？”作为医生，他建议用笑治疗一系列疾病，其中一些确有一定道理（笑对处于忧郁、悲痛或难过中的人很有益处），有的则不然（比如用笑治疗“大脑内冷体液”引起的“疯癫”）。他总结道，和笑相比，“哭对身体的益处很少或者为零”。这里为何有双重标准？哭不是也会让身体晃动、肌肉收缩、面部充血，让人流泪吗？梅尔库里亚利没有解释。

第二天一早，另一片空间，一片不太可能的空间，也几乎被笑声占据，在笑声中充满生气。这是我拜访瑞典体育与健康科学学院图书馆的第一天，也就是佩尔·亨里克·林格创建的那所学院。每张桌子都坐满了学生，不仅有笑声，还有聊天声。好多人在打电话，不然就是在起劲交谈。这里的气氛比我去过的任何一座图书馆都更像咖啡馆。比起生气，我倒是更加好奇。我问学院图书管理员洛塔这种独特的氛围是怎么回事。她如实答道：“我们不想做总是喊‘安静’的图书管理员。”言下之意，这是他们的图书馆，他们想怎么做就怎么做。洛塔还表示：“瑞典有很多限制（我猜是指管理社会规范的不成文规则），所以对于规则，我们能破就破。”

“我觉得挺好。”我对她说。于是我在学生们身旁开始了工作。

我在到访图书馆前预订了大约50本书。我一早抵达时，洛塔已经把书摆在了手推车上，等待着我的到来。她在桌上放了个干净的白垫子（垫书的软垫，这些书往往很容易损坏），还给了我一包新的擦手巾。她让我在翻书前后清洁手指，每本书都要。

摆在我面前的可以说是西方运动史上最伟大的杰作。这些书显然不是无所不包（所有话题，所有写过这个主题的作者），但无疑是对现代早期至晚期作品的优秀概览。

我暂且跳过阿尔坎杰洛·图卡洛（Arcangelo Tuccaro）1599年讲“翻跟头”和舞蹈的《有关跳跃和空翻练习的三

篇对话》(*Trois dialogues de l'exercice de sauter et voltiger en l'air*)，德国体操教练约翰·格奥尔格·帕沙（Johann Georg Pascha）1666年讲跳鞍马的小书《跳马详解》(*Gründliche Beschreibung des Voltiger*)，以及德国作家的若干18世纪大部头，首先打开了图书馆珍藏的林格的《体操基础》(*Gymnastikens Allmänna Grunder*)。这是他唯一一本讲运动的书，出版于1840年，即他去世后一年。从某些角度来说，这本约200页厚的破旧小书有点令人失望。但如果说它比我预想的更小、更短、更旧，那或许是因为林格作为象征性领袖的影响力实在过于广泛、巨大。

要充分理解林格的贡献，首先要考虑到自梅尔库里亚利的时代以降，有关医学、科学、物理的观念发生了多么翻天覆地的变化——其实就是有关人体运作方式和人在宇宙中的自我认知的观念。17世纪初至大约18世纪中叶被称为科学革命时期。一些自古以来就占据主导地位的极端错误观念遭到了当时一系列发现的颠覆。其中出现最早也最重要的一个里程碑，是英国医生威廉·哈维出版于1628年的《动物心脏和血液运动的解剖学研究》(*Exercitatio anatomica de motu cordis et sanguinis in animalibus*)，又称

《心血运动论》(*On the Motion of the Heart and the Blood*)。这部72页长的专著在当时被视为激进之作。哈维以动物和人体实验为基础，富有逻辑地详细阐述了心脏通过动脉、静脉和肺部在全身循环血液的作用。他的证据无懈可击。包括梅尔库里亚利在内的所有医生奉行盖伦医学体系和四体液说长达15个世纪以上，而哈维的循环系统概念对它们进行了迟来的纠正。毫不意外的是，哈维的理论经过了几十年才被科学界和医学界彻底接受，而盖伦医学体系也终于遭到淘汰。但即便在那时，诸如放血之类和体液说相关的陈年错招也要过上更久才被彻底弃用。

17世纪后期，荷兰科学家安东尼·范·列文虎克(Antonie van Leeuwenhoek)制造出最早的高倍显微镜，从而意外发现了细菌等肉眼观察不到的生物，即微观生命。意大利生物学家兼显微镜学家、常被称为生理学之父的马尔切洛·马尔皮吉(Marcello Malpighi)在这位荷兰先驱的基础上更进一步。他率先观察到毛细血管，发现毛细血管连接了动脉和静脉。他也是最早研究红细胞(负责将氧气输送到身体各个部位)的人员之一。与此同时，意大利科学家乔瓦尼·博雷利(Giovanni Borelli)正在开展如今称为生物力学的开创性研究，并将这些实验结集成了专著

《论动物的运动》(*De motu animalium*)，出版于1680年至1681年。他的工作之所以令人瞩目，不仅在于他对肌肉如何运作、四肢如何移动所做的科学分析，还在于他对奔跑、跳跃、游泳等各种运动形式进行的虚拟解剖。

哈维、博雷利和许多其他人的发现，当然也包括艾萨克·牛顿爵士于1687年提出的运动定律和万有引力定律，后来影响了启蒙时代的思想、哲学和社会运动。克里斯蒂安·戈特蒂尔夫·扎尔茨曼（Christian Gotthilf Salzmann）、约翰·古茨穆茨（Johann Gutsmuths）、弗里德里希·路德维希·雅恩这3位18世纪的德国教育家正是在这样的背景下粉墨登场。3人都深受他们那个时代的科学思维模式及当时主要的儿童发展理论家的影响。约翰·洛克（John Locke）在1693年出版了《教育漫话》(*Some Thoughts Concerning Education*)。他在书中提出若干主张，包括将体育运动纳入学校课程。(洛克写道："健康的精神寓于健康的身体，这简洁但充分地描绘出了人世间的快乐状态。")另一部对扎尔茨曼、古茨穆茨和雅恩有重要意义的作品是让-雅克·卢梭的《爱弥儿：论教育》(*Emile, or On Education*)，出版于1762年，讨论的是个人在社会中的作用。

扎尔茨曼在1784年创办了创新学校施内普芬塔尔教育学院。体育课是该校课程的重要组成部分，和地理、外语一样重要——这一理念受到了卢梭的影响。古茨穆茨于两年后加入扎尔茨曼的团队，负责体育项目，在这一岗位上坚守了50多年。古茨穆茨在学校的领导工作，更重要的是他的教学手册，比如出版于1793年、厚达700页的《青少年体操》（*Gymnastik für die Jugend*），将他关于体育课重要性的观点传播到了德国以外。

1799年，一位学习过古茨穆茨方法的丹麦年轻人发扬光大了古茨穆茨的教导——他开了一家健身房，据说是现代第一家健身房。弗朗茨·纳赫特加尔开在哥本哈根的小健身房据说有绳梯、爬竿、平衡木、木鞍马和地垫。一开始他只有5名男学生，但到1804年时，学生人数据说已经达150名。林格也在其列。他在纳赫特加尔开办健身房的同年搬到哥本哈根，在那里研究丹麦和德国的体育学校，一待就是5年。

除了科学、医学、体育的进步和我们对人体理解的加深，还有一个远为更加紧迫的问题促成了那个时代，尤其是当时北欧国家的健身复兴——我称之为拿破仑效应。19世纪初，拿破仑为了征服自己帝国外的领土，采取了迅速无情的行动。面临入侵风险，瑞典、丹麦、德国等国开始系统地让国民做好战斗准备——为国健身，或者换个说法，将身体武器化，为迎接战争做准备。雅恩对这种理念给予了最狂热的支持——他掀起了19世纪初的体操协会运动。雅恩是坚定的军人，他相信体育教育不仅是个人身体健康的基石，也撑起了国家健康和国家认同，即所谓的“身体民族主义”。这个概念当然不是新生事物。早在公元前8世纪甚至更久以前的斯巴达，运动就已经成为军事训练的一部分。然而，这构成了林格成长时期的时代背景。

历史学家弗雷德·E.伦纳德（Fred E. Leonard）表示，林格和德国的雅恩一样，一直是“热忱的爱国者”，“迫切想看到同胞身心强健，准备好挫败敌人”。瑞典南部和东部的大部分波罗的海省份在18世纪初就遭到俄国吞并，现在拿破仑统治下的法国又威胁要占领整个瑞典。林格受此驱使，立志帮助同胞强壮、团结起来，让祖国更加强大。除了古茨穆茨、扎尔茨曼、雅恩的著作，他还研究了解剖学和生理学最新进展。这些科学基础训练影响了他的运动哲学——其核心显然具备医学内容，和梅尔库里亚利的哲学不无相似之处。1804年，时年28岁的林格从哥本哈根回到斯德哥尔摩，决心开设一所运动训练学校。这部分是受到了纳赫特加尔的健身房的启发。由于林格尚在完善运动技术，这项工作耗费数年才得以完成，但他提交给瑞典政府的计划在1813年得到了批准。皇家中央体操学院于次年投入运营。学院由瑞典国王赐名，因此校名中带有“皇家”二字。林格拿到一笔年薪，外加购买部分设备、租借学院场地的资金。他余生的25年都在领导这所学院。

虽然林格上课也用绳子、鞍马之类的设备，但其主要创新是为男女学生打造的无器械“自由训练”（部分是出于实际考虑，因为设备总免不了修理或替换）。我觉得很难想象林格的自由训练理念有哪些内容，所以我特别感谢洛塔，她安排我看了一些学生参加林格课程的早期珍贵影片（以数字化形式保存）。影片拍摄时，这位大师已经去世近一个世纪，但他的运动方法有着精确的编排、标注和说明，所以和他发明时相比，它们显然几乎没有变化。就我看到和读到的内容而言，“林格方法”相当于一种精心编排的柔软体操，这是我能想到的最恰切的形容。它结合了足以令心血管系统加速运行的自重练习，如俯卧撑、平板撑、同步舞舞步、连续的剧烈动作等，由大型团体整齐划一地完成。男女分开上课，且一律穿着简单的制服。从广义上来说，林格的柔软体操是如今几乎家家健身房都有的团操课的前身，但至少有一大不同：对美的坚持构成了他工作的核心标准——当一群人动作精确、优雅、整齐，仿佛一个人一样训练，这种美可以看到、感受到、得到呈现。这需要大量重复练习——不断重复同一套训练，直到每名学生都做到完美，都能融入群体，或者象征性地说，融入整个国家。

这种哲学乍看起来不难理解，甚至令人赞赏，却在后来显现出了其邪恶的一面。通过为健身注入极端民族主义精神，要求完全服从训练指导专家一人，林格和同时代的雅恩无意间为象征纳粹党的大型集体健身项目创造了模板，德国少女联盟（League of German Girls）、希特勒青年团（Hitler Youth）等组织打着让男孩女孩穿着统一制服开展健康运动的幌子，实际却是反犹准军事组织。

更加积极的一面是，林格堪称古今中外积极鼓励女性和儿童运动的先驱；在他的帮助下，体育课开始走进英美学校课堂。林格的学院从成立伊始就以培训教练为首要目标。无论男女，这些教练将在别地继续授课，在瑞典国内外传播林格体系的福音。他们也确实做到了。

1877年，毕业于林格学院的康科迪娅·勒温（Concordia Löfving）被任命为伦敦教育委员会第一位女性督学。这一开创性的职位让她得以将体育课纳入女学生课程。勒温来自斯德哥尔摩，她得到雇用的原因很简单——没有英国教师可以胜任这项工作。5年后，另一名来自瑞典的林格学院毕业生马丁娜·贝里曼-奥斯特贝里（Martina Bergman-Österberg）接任了勒温的职位。提倡女性参政权的马丁娜将女子体育教育推行到了300余所学校。身为女督学，她以培育女性体育教师为己任之一。此外，马丁娜还将“体操衫”引入了英国学校系统——一种宽松舒适的无袖束腰外衣，适合女孩运动时穿着，是一种早期的女性运动服。勒温则在卸任后开始了《论体育教育》（*On Physical Education*）的写作。此书出版于1882年，是第一批由女性写作、以女性为受众的体育题材书籍。

林格的影响也延伸到了美国。他在1839年去世，仅仅两年后，一位名字响亮的企业家自称“博热夫人”（Madame Beaujeu，这位“夫人”的确切出身不详），在波士顿开设了首家女性专用健身房，4年后又在纽约开了一家。另一位美国名人凯瑟琳·比彻尽管不像她的妹妹——《汤姆叔叔的小屋》（*Uncle Tom's Cabin*）作者、女权倡导者哈丽雅特·比彻·斯托那样，是强硬的女性参政主义者，却也是女性运动的有力倡导者。身为教育家和作家，凯瑟琳研究了林格注重优雅和连续剧烈动作的柔软体操运动法。她著有数十部以女性为受众的书籍，其中包括在19世纪四五十年代出版数版的《论家庭经济》。这个书名并不太能反映书的内容。书中有一章探讨了“家庭运动”，即专门为女性在家运动设计的运动（相对于需要去上课或去健身房），可以说是20世纪80年代简·方达所做多项创新的前身。凯瑟琳甚至鼓励女性跟着音乐运动，“以从中取乐”。

一些美国男性受到林格和雅恩的影响，也成为女性和儿童运动的有力倡导者。迪奥克莱西安·刘易斯（Dioclesian Lewis）是其中最负盛名者。他以运动的健康益处为主题开展教学、讲座和写作，著有受到林格启发的《男性、女性和儿童新体操》（*New Gymnastics for Men, Women, and Children*，1862—1868年出版有多个版本）等书。刘易斯还在波士顿开了家很有影响力的体育学校。该校于1868年结束营业，但之后，在两位富有的赞助人的支持下，他在波士顿又开了一家专事瑞典体操和体育的学校。赞助人之一是瑞典贵族、林格的热心支持者巴龙·尼尔斯·波瑟，另一位是波士顿慈善家玛丽·海明威。林格的影响也延伸到了地球的另一端，不是直接通过瑞典，而是通过大英帝国，通过一个显然是属于东方的类别——瑜伽。

1858年，沃尔特·惠特曼（Walt Whitman）以笔名为报纸《纽约地图集》（*New York Atlas*）撰写了13篇《男性健康与训练》（*Manly Health and Training*）系列文章。这些文章在几年前令人意外地重新问世（发现者是一名无畏的研究生），并引起了高度重视。这位著名美国诗人曾就运动、饮食、健康和“男子气概”写过这样的评论文章，失传已久且篇幅与书相当，这确实不同凡响。但除了其存在本身，我发现惠特曼宣言的实际内容可谓相当愚蠢，部分内容显然并不科学（他仍然相信被推翻已久的体液说）。他的宣言关注男性，而且只关注男性，这是性别歧视的表现，而对优生学的强调又是种族主义的表现。

一项主要发生在大西洋对岸的进展要远为更加重要，其出现同样是在19世纪，那就是自行车的发明。正如历史学家戴维·V.赫利希（David V. Herlihy）在《自行车》（*Bicycle*）一书中记录的那样，对自行车设计和实用性做出逐步改进的发明家有一长串，他们都该领到功劳。如今被称为“自行车”（这个名称直到19世纪60年代才出现）的这件东西，其第一位可以证实的发明者是德国男爵、发明家兼公务员卡尔·冯·德莱斯（Karl von Drais），他在1817年发明了他的跑步机。当时由于粮食歉收，马匹变得稀缺，所以德莱斯想把自己的机器用作马匹替代品。他的木结构机器是首台取得专利的可转向两轮人力驱动车辆，用途是交通工具而非运动或娱乐，而且显然是男性专用。车轮是铁做的。和如今的自行车不同，这种二轮车没有脚踏板和链条。骑行者用两只脚轮流蹬地，驱动车向前前进，比较像是滑板车。德莱斯的机械马很快就以其发明者的名字闻名，被称为“德莱斯机”（draisine）或“快脚”（velocipede）。

德莱斯的发明在接下来的 75 年里出现了各种变化版本。有的为增加稳定性被改造成了三轮（三轮车），有的则是四轮。相对于用脚滑行，脚踏板的引入可谓一项进步，但一同引入的还有尺寸超大的高前轮和小后轮组合，这意味着双脚离地很远。这种车型通常被称为“高轮”或“便士法新”（名称源自两种不同大小的硬币，一大一小），骑起来比快脚自行车更快（显然是项优势），但也更不稳定，更加危险。

真正的突破要等到 19 世纪 80 年代新自行车推出。这款自行车骑起来比高轮自行车更安全，因而被称为“安全自行车”，并很快取代了后者。安全自行车有两个大小相仿的辐条车轮，高度够低，可以让骑行者的脚够到地面，和我们如今的自行车非常相似。除了更安全、更快、更流线型的设计，安全自行车还推动了自行车使用方式及使用者文化的巨大转变。自行车不再被视为专属于男人和男孩的危险玩具（新奇事物），而是渐渐被视为合理的交通及娱乐方式。最根本的是，人们越来越认为自行车甚至也适合女性使用。19 世纪 90 年代时已经有女式自行车设计。这款自行车采用前跨式车架，没有连接前后轮的高横杠，因此女性可以更轻松地跨上自行车，骑起来也更方便。购买时还能加购“护裙网”，防止长裙（半身裙或连衣裙）夹进后轮或链条。这些在公共场合被服装遮住的部位（臀肌、股四头肌、腘绳肌、腓肠肌）恰恰是骑车时用得最多的部位，而大部分女性都不曾有过机会来加强、锻炼这些肌肉。

在我看来，在世界妇女和女孩运动史上，这款 19 世纪机器——一款专为女性设计的自行车——可以跻身迄今最重大的进步之列，这样说毫不夸张。这些对女性友好的新款自行车与迅速蓬勃起来的女性参政权运动有着毋庸置疑的联系。伟大的美国女性权利活动家苏珊 · B.安东尼（Susan B. Anthony）曾在 1896 年雄辩地指出：“自行车对女性解放的贡献大过世间所有，让女性感觉到自由和自立。每当见到女性骑车经过，我都会站起来，感到欢欣鼓舞……那是自由、无拘无束的女性形象。”

练习

A Practice

运动是身体的无声音乐。

——威廉·哈维（*1578—1657*）

我们刚开始上课，就有人匆匆忙忙进来，在我旁边铺开瑜伽垫——只有这里空着。我立刻感觉到了他的紧张和焦虑。他奋力追赶——竭尽全力，但不免沮丧。有那么几分钟，我也感到了沮丧。要是可以，我会把垫子挪个地方，但在已经挤了70号人的瑜伽教室里，换地方并不容易，也不可能不引人注意。既然挪不了，我便有意识地决定要换种心情。亚里士多德在《问题集》中问道："为什么与健康的人交往无法使人更健康？"（身患疾病的人却可能让人生病。）他没有答案。但我开始相信，最广义的健康也会传染。比如，如果我保持冷静，那我旁边的紧张男或许也会冷静下来。

这堂流瑜伽课（课名叫“力量瑜伽”）是在我纽约的健身房里上的。课的难度很高，进度也快。我们先用基本动作热身，反复做了几遍——平板式（吸气），低平板式（呼气），上犬式（吸气），下犬式（呼气），重复。教室里灯光昏暗，我在靠前的位置，后面的人我一个也看不到，包括教练梅琳达在内；我前面则只有一块棕色的帘子，让我无法凝视。我还是闭上眼睛为妙，反正引领我的也只是梅琳达的声音而已。她的声音轻柔悦耳，指令清晰得有如解剖一般，解释了各个肢体的每一个动作。我只管听、专注、照做。我觉得自己像在拍电影似的：我的角色是要拆除定时炸弹，而拆弹小组组长用电话指导着步骤。但我们在这儿想要的，我们试图用工具（有什么就用什么）做到的，和让某件棘手的器械无法启动恰恰相反。瑜伽是要剪断内心看不见的电线，让人启动——启动身体，做到自己不曾想象过或认为自己不可能做到的事。

上周我第一次做成了乌鸦式。这个体式我练了差不多6个月，但始终做不起来。然而那天晚上，当我蹲下，手撑地板把膝盖提到弯着的手肘上方时，我立刻就找到了平衡。更重要的是，我一点都不恐惧。然后我发现自己已经在做着乌鸦式。我保持了10到12秒，然后想到什么，分了心，便掉了下来。我试着再做，然后又试了一次，每次都能做到。

热身结束，梅琳达开始带我们做其他体式，难度渐渐升级。我们这时才开始真正出汗，课名中的“力量”二字也开始名副其实起来。我很惊讶她能带领那么多形形色色的人（年龄、性别、体形、经验、能力）完成时而高难的体式，一步一步，没有中断，没有犹疑——从一个体式行云流水般地无缝过渡到另一个。她也很少犯错——想说右手却说成左手之类的。

她一边清晰指导着整个班级，一边也关注着个人。课程进行到某个阶段时，我们保持着蹲姿做捆绑式。她建议我们在保持捆绑式时单腿站立，然后变化到树式。我以前这样做过，但这很难——保持平衡很难，保持捆绑式也难，靠单腿力量把身体拉起来也很难。我挣扎了下，倒下了。再次挣扎，继续尝试。梅琳达的声音从教室那头传来：“比尔，今天算了——今天就算了吧。”她这么说一点没错。我的状态不对，她看得出来。挣扎扰乱了我的心绪。我看着梅琳达，朝她点点头，然后把身体弯成婴儿式，吸口气，变化到平板式、上犬式、下犬式，然后重新跟上动作。

现在我已经练了好几年瑜伽，每周上一两节课，在家也练。很久以前我也练过。我记得，20 世纪 80 年代初，我在上大学时参加过短期课程，住在旧金山时也偶尔上课，但我从没认真练过。我一直喜欢的是举重。这次我又重拾瑜伽，简单粗暴地说，是因为烦人的屁股痛：过去 30 年我基本每天伏案工作 8 小时，这让我患上了坐骨神经痛，也就是坐骨神经发炎。坐骨神经是一条又粗又长的神经，从骨盆骨下一直延伸到腿部。现在我一坐下就痛，臀大肌下疼得火烧火燎的。我去看了神经科，但对于坐骨神经痛，除了放松臀部、做些改变来适应，也没什么别的办法。深蹲或腿部训练暂时是不可能了。迫于无奈，我把两张小茶几叠在一起，弄了张临时的站立式办公桌来写作。但或许这才是最好的结果。我年纪已经不小，应该在一切完全急转直下前尽我所能地挽救自己的身体。

我健身房的瑜伽教室在 4 楼。这里明显要更暖一些——楼下健身者的热气冒上来，和一教室瑜伽练习者的呼吸混在一起，让空气闷热难闻。这里也更安静——只有这层楼没放音乐。这里吸引的是 50 岁以上人士。今天的瑜伽课开始前，我差点撞到一个正在地上推塔的同龄人。塔是他用 4 个踏板（借自有氧教室）叠的，塔顶还加了 20 千克重量——由交叉健身普及开来的返璞归真训练，他的是DIY版。他来来回回，来来回回，仿佛平地上的西西弗斯。

“那看上去……很难。”男人停下时我说。

“全身训练。”他喘着气答道，“我练半小时。”他满脸通红，汗流浃背，所过之处都是大滴大滴的汗珠，仿佛他随身带着个有洞的水壶。我不禁想起弗里德里希·尼采（Friedrich Nietzsche）说过：“人不可能只是想要；人必有想要之物。”他毅然决然地继续训练，我则庆幸地逃进了瑜伽教室。

在纽约练习的瑜伽，或者更宽泛地说，在大部分西方世界练习的瑜伽，在许多方面都不同于它在起源地印度的各种雏形。这并不是说我们能轻松追溯到瑜伽的确切源头，追溯到其创始人、发明者——重要性不输前者。人们似乎普遍认为，最早的瑜伽发展于5000多年前北印度的印度河——萨拉斯瓦蒂河（Indus-Sarasvati）文明。瑜伽首次见于印刷物，是在印度教四大圣典之一、吠陀牧师（婆罗门）使用的《梨俱吠陀》（*Rigveda*）中，尽管只是顺带一提。大约创作于公元前1700年至前1100年的《梨俱吠陀》证实了瑜伽在印度灵修和宗教中的深厚历史渊源。随着时间的推移，婆罗门和印度教的神秘主义者对瑜伽进行了哲学和实践上的完善，他们最终在写于公元前 800 年至前 200 年的梵文圣典《奥义书》（*Upanishads*）中记录了自己的信仰。

现在所谓的瑜伽古典时期受到了神秘主义瑜伽大师钵颠阇利（Patañjali）的影响。据说他在 2 世纪某个时候写下了《瑜伽经》（*Yoga sūtras*）——瑜伽理论和实践的奠基之作。我说“据说”是因为，和亚里士多德及其他古代先贤的情况一样，《瑜伽经》是出自钵颠阇利本人之手还是他的某位或某几位追随者之手，这一问题尚未有定论。无论如何，《瑜伽经》将瑜伽练习提炼为“八支行法”，以达到开悟的目的。钵颠阇利常被称为瑜伽之父。

钵颠阇利之后的几个世纪，印度瑜伽大师开始拒绝古代吠陀本集的偏神秘主义教义，转而更加注重通过肉身开悟，于是瑜伽经历了重大的变化。这种称为坦陀罗（Tantra）的瑜伽形式最终发展成了哈达瑜伽，也就是如今西方最常练的瑜伽形式。

19 世纪后期，印度的瑜伽大师（瑜伽士）开始前往西方展示和传播他们的教义，其中最著名、最成功者当数辨喜（Swami Vivekananda）。他在美国四处游历讲学，其著作据说多达 200 余部，还在世界各地开设了瑜伽中心。然而，有趣的是，瑜伽练习也受到了从西到东的迁移影响。

这里，瑞典人佩尔·亨里克·林格再度粉墨登场。皇家中央体操学院训练的教练将林格19世纪中叶的运动哲学输出到了英国，英国陆军也予以采纳。英国军队又继而用林格的大型集体训练体系反复灌输其印度殖民地臣民。这部分是因为林格方法无须使用设备和器械，只用身体就行，但也不乏其他因素。构成林格和雅恩集体训练核心的民族主义精神也受到了印度人的欢迎，且和对印度本土运动形式——瑜伽——与日俱增的兴趣交织在一起。

然而，还有另一项主要来自西方的影响推动了瑜伽的普及：作为对工业革命进步的回应，一场称为“身体文化”的更大规模运动在全球兴起，并在19世纪临近结束时，开始将单纯关注体能的运动方案卷入其中。随着劳动对体力的要求越来越低，在工厂或类似环境中工作的人越来越久坐不动，男女两性对运动的兴趣都在激增——自发健身变成了治愈身体、心灵乃至社会的万灵药。以男女两性为受众的健康和健身杂志开始在世纪之交出现，如法国摄影师埃德蒙·德博内的《身体文化》(*La Culture Physique*)、莫塔博士的《女性身体文化》(*La Culture Physique de la femme*)，以及美国企业家伯纳尔·麦卡法登的《身体文化》(*Physical Culture*)。但世界身体文化现象中无出其右的重要人物本身也是种现象。他就是集健美运动员、表演者和精明商人身份于一身的普鲁士人尤金·桑多（Eugen Sandow）。

桑多生于1867年，本名弗里德里希·威廉·米勒（Friedrich Wilhelm Müller）。这是个德国犹太人名字，他后来改成了现在的名字。为了逃避兵役，桑多18岁时离开普鲁士，开始环游欧洲，经常在马戏团做大力士表演。他很有天赋：生就一副比例匀称的肌肉体格，可与古代雕塑刻画的“希腊理想”相媲美，他自己后来也说曾在少年时受到过这些雕塑的激励。他也雄心勃勃，有志练习举重，让身材更趋完美，希望借此成为明星。他最终去了伦敦，抱着试一试的想法参加了一场英国健美比赛，结果轻松击败上届冠军，接着又在英国迅速出名，并继而赢得了国际声誉。

桑多在其职业生涯中对自己的知名度进行了新颖的利用。他写了好几本有关运动和健美的书，出版了杂志《桑多的身体文化杂志》（*Sandow's Magazine of Physical Culture*）。他在世界各地做大力士表演，在舞台上摆姿势、屈曲身体；甚至还和齐格菲尔德富丽秀一起去了美国，被宣传为“完美男人”和“前所未有的世纪轰动”。然而，他最有影响力的举动或许是开设了以自己名字命名的健身房和训练学校。桑多在全世界都很有名，就连詹姆斯·乔伊斯（James Joyce）也在《尤利西斯》（*Ulysses*）中提及他好几次。利奥波德·布卢姆（Leopold Bloom）*反复告诫自己“必须”重新开始“桑多训练”。布卢姆是否恢复了桑多训练我们不得而知，但无论如何，乔伊斯在小说第 17 章中表达了对桑多训练体系的独特认可：

> 室内训练，他以前断续练过，后来放弃了。尤金·桑多的《力量与力量训练》（*Physical Strength and How to Obtain It*）规定了训练方法，专为久坐工作的商人设计。训练时要在镜前全神贯注，这样才能用到各肌肉群，让肌肉连续绷紧放松，恢复青春活力，体验不断递进的愉悦。

“健美”（bodybuilding）一词首现于 1881 年，其创造者是年轻的美国身体文化主义者罗伯特·J.罗伯茨（Robert J. Roberts），他是美国马萨诸塞州基督教青年会的体训教

*《尤利西斯》主人公。

练。（人们或许也记得罗伯茨是药球的发明者。）但是桑多让健美获得国际认可，让经典健美姿势得到普及，并激发了人们追求健壮身体的兴趣——以男性居多，但并不仅限于男性。

摄影术作为一项相对较新的发明，在桑多的全球性成功中起到了常常遭到忽视的重要作用。他很善于利用摄影术来展示自己美丽的身体——在书和杂志里，在海报和签名照片里，等等。而且他毫无顾忌，什么都露。英俊的桑多蓄着八字胡，在照片里摆着姿势，几乎一丝不挂，只用一片假无花果树叶遮着生殖器。只要看看这样的照片就能明白，他为什么会如此轰动。如今，桑多的原照已是备受追捧的收藏品。

1904 年，桑多游历了南非和印度等国家。他的传记作者戴维·沃勒写道："作为商人，桑多在寻找巨大的商机，好让自己成为真正的全球品牌。他像殖民探险家一样，试图进入大英帝国殖民地的市场，在那里插上代表他的训练体系的旗帜……复制他的杂志和训练学校的成功。"据说，桑多对林格体系已在印度大陆站稳脚跟大为恼火。但他有一个巨大的优势，他巧妙地利用了这个优势：林格早已离世，但人们可以去看尤金·桑多雕塑般的性感身体——甚至还能触碰他的裸体，他如小山般隆起的肱二头肌，壮硕的大腿和搓衣板般的腹肌（当然，他会为此按次收费）。

桑多的大名显然比他本人更早到达印度，前去观看他演出的印度观众多达成千上万。他被视为身体文化运动的某种苦行僧，可以用他的训练体系“治愈”病人和残疾人，几乎等同于圣人。他健壮的体格不同于当时常见的印度人体格，就连曾经以消瘦（或近乎消瘦）为理想体形的瑜伽大师也试图模仿他，把肌肉“练大”——用我们今天的话来说。他后来告诉《每日邮报》（*Daily Mail*）：“我受到的待遇让我震惊，我居然这么有名。”这种钦慕是双向的，桑多显然爱上了印度。一位帕西商人提出赞助他，他差点就接受了这份留在印度的邀约。

那么，除了桑多和瑜伽修行者间这种双向的钦慕，这位富有企业家精神的健美者和瑜伽还有什么别的联系吗？包括医学人类学家约瑟夫·奥尔特（Joseph Alter）和瑜伽历史学家马克·辛格尔顿（Mark Singleton）在内的当代知名学者认为，桑多和印度的“桑多热”推动了瑜伽的普及。瑜伽吸收了与身体文化相关的动作和姿势，在传统瑜伽修行中加以融合。辛格尔顿在《瑜伽身体：现代体式练习的起源》（*Yoga Body: The Origins of Modern Posture Practice*）

一书中写道:“在桑多的影响下，健美……自世纪之交起就在印度空前盛行……（还）为‘本土’运动的复兴贡献了影响力，而现代体式瑜伽正是源于这种复兴。”辛格尔顿表示:“瑜伽被视为一种健美形式，反之亦然。”然而，我应该补充的是，我没有找到桑多确实有将传统瑜伽体式（比如树式站立）融入他的大力士常规动作中的证据；或者反过来，我也没找到瑜伽大师将桑多式动作（比如肱二头肌屈曲）结合到瑜伽练习中的证据。在瑜伽发展的关键时刻，将两者不可思议地联系起来的，其实是它们共通的基本理念，即对打造强壮、匀称、美观、健康的身体的关注。

桑多访问印度一个多世纪后，我也去了趟印度。这是我第一次去印度：我在孟买待了6天，在那儿参加了一个文学节，之后又去西南海岸更加偏远的喀拉拉邦度了一周假。刚到喀拉拉邦的那几天，有天早上我不到7点就逼自己起床，去酒店附近上了堂瑜伽课——只有这个时间可选。我当然不会基于这一小时的经验试图概括印度的瑜伽练习，但我敢说那节课和我之前及之后在别处上过的瑜伽课都不一样。

我迟到了5分钟左右，一方面是睡过了头，另一方面是找不到瑜伽中心的入口。我小心翼翼地打开纱门，以免发出太大声响。瑜伽老师是位70岁左右的男子。他没好气地看了我一眼，然后粗鲁地抓起一条瑜伽垫扔向我。他的没好气并不过分。迟到是不尊重的表现，我懂。教室前面，瑜伽老师身边坐着个小女孩。

我迅速安顿好。除我以外，那里只有4名学生——光这一点就和我在美国上过的瑜伽课大相径庭，美国的瑜伽课总是挤满了人。教室里和室外一样热，即便是大清早也有29摄氏度。“热瑜伽”，但没有时髦的品牌化，也不用调高室内温度。

这位瑜伽士慢悠悠地、几乎是随意地说着话，而且他的确只是在说话而已。梅琳达和我在美国遇到过的许多瑜伽老师一样，带起课来都是语气坚决，节奏很快：他们是在指示学生怎么做。但他不一样。他不是在指示，他的语调更像是在告知。他不过是在说话，用低沉的声音告诉我们他知道的东西。课刚开始，我们双手放在膝盖上盘腿坐着，然后他说：“现在，用你们的大拇指和中指靠近鼻子……用大拇指按住一个鼻孔……用没被按住的鼻孔慢慢吸气。4秒……呼气……4秒……用中指把另一个鼻孔也按住。”诸如此类。那就是全部：一堂呼吸课，教你如何全神贯注地每次只用一个鼻孔呼吸。

在纽约健身房和瑜伽馆练瑜伽可能有种竞争感，这堂课却完全没有。课的进度非常慢，他似乎并不指望我们任何人能学会他解释、演示过的体式或动作。他暗示说，瑜伽是一项终生追求，需要投入时间和热爱，需要练习（关键词）才能掌握。

然而，那天早上至少有一个出人意料的例外。老师教的第四或第五个体式是保持莲花坐姿，深吸气到底，尽可能收腹，然后在呼气时让腹肌从上到下一块块鼓出，有点像是放下车库门的样子，每一节都会在经过上门角时鼓起，然后再反方向移动，也就是升起车库门。他把衬衫撩起来演示——一个挺卖弄的动作，不难想象尤金·桑多会那么做。

我和其他人都撩起一半衬衫，试着练习。让我惊讶的是，我第一次就做到了，应该是腹肌够发达的缘故，或者只是初学者的运气（可能性更大）——直接做，不多想。我没想到自己也能做到。我本来在看自己的肚子，抬起头时发现瑜伽老师在笑。“瞧瞧，你做到了！我当初用了两周才学会。”他轻轻一笑，然后第一次对我笑道，“你很幸运。”

老师又带我们做了 8 到 10 个体式和呼吸练习。我以前全都做过，但这里的节奏更慢，做法也更简单。这些练习的目的不是让你出汗，而是让你拉伸四肢，保持专注，享受呼吸，更加了解自己身体的极限和潜力，以及放空大脑。

课程临近尾声时，瑜伽老师介绍了全程都安安静静坐在他身边的那个女孩——他 9 岁大的孙女。他异常自豪地说女孩也是大师——她最近刚刚赢了学校的瑜伽比赛。祖父滔滔不绝地讲着她的成就，她则羞怯地笑笑，低下了头。班上有人问能否让她展示一下。她起初并不愿意，但祖父还在说个不停，她突然就做了个了不起的杂技姿势：只靠前臂保持平衡，双腿向上抬起，直至举过头顶，让双脚恰好停在她仰起的脸庞前。有人倒吸了一口气。然后她优雅地切换到另一个姿势：单腿站立，抬起另一条腿，在身后举过头顶，抬起的腿和支撑腿都伸得笔直。我们为她鼓掌，她害羞地回到同为瑜伽大师的同僚身边，重新坐下。“纳玛斯代。”她的祖父轻轻说道，鞠了一躬。

证 据

The Proof

什么是运动？运动有何作用？又如何起效？

——阿奇博尔德·麦克拉伦（*Archibald MacLaren*），

《体育系统》（*A System of Physical Education*），1869 年

运动对你有益——有助于改善整体健康、提高幸福感，这一概念一直是种假设，甚至是老生常谈，可以一直追溯至古希腊和古罗马，追溯至希波克拉底、柏拉图和盖伦的作品，以及古埃及、古中国和其他古文化。受人尊敬的印度医生妙闻（Suśruta of India）提倡运动，因为运动能保持体内“平衡”，因而有益健康。他还警告不要过度运动。不错的建议。然而，无论古代哲学家或医生对这个话题的看法多有先见之明，那也不过只是看法。令人惊讶的是，有关运动益处的科学实证直到较近期才出现。运动是否果真有助于降低人类的发病率和死亡率，这一课题直到 20 世纪 50 年代初才有少数科学家开始研究。为人谦逊的英国流行

病学家杰里米·莫里斯（Jeremy Morris）是该领域的领军人物之一。他于2009年去世，享年80岁，一些讣告作者称他为“发明运动的人”。这可能有点夸张。对莫里斯博士来说，更准确的头衔或许是“发明运动科学领域的人”。不过事实上，他一开始准备研究的根本不是运动。

请注意莫里斯博士的职业：身为医学博士，他却成为临床流行病学家，对公共健康问题背后的社会因素有着特别的兴趣。第二次世界大战结束后，冠心病患者数量急剧上升，在英国已达到流行病规模，成为让人尤其严重关切的问题。和肺癌及消化性溃疡一样，当时对冠心病的确切病因尚不了解，但莫里斯及其社会医学研究小组（Social Medicine Research Unit，相当于英国国家公共卫生机构）的同僚预感到，一个人从事的职业或许是致病因素之一。莫里斯决定选择单一领域进行定群研究。这个领域要包含不同工种和不同的工作方式；同样重要的是，还要有现成的全职员工医疗数据可以研究。莫里斯决定重点研究交通运输业员工。具体来说，就是双层巴士、有轨电车和无轨电车的司机和售票员。这在现在看来是个巧妙的想法。他在1949年至1950年研究了3.1万人（据我所知全是男性），年龄介于35岁到64岁。即便两个人在同一辆车上搭档工作，他们的职责截然不同：司机只是坐着开一整天车；售票员则不停跳上跳下，双层巴士售票员当班时还要无数次上下楼梯。对这些人来说，工作本身就是运动。

莫里斯和团队仔细研究了所有可用数据：员工因病缺勤的时间，全科医生做出的医疗诊断和医院证明，由死亡证明获得的所有死亡详情，以及健康问题导致的退休详情。至于心脏病类型，团队具体研究了心绞痛（心脏供血不足导致的胸部剧痛，表明有更多潜在问题）和冠状动脉血栓形成（血块造成的动脉局部或完全阻塞）的病例，两者或导致非致命性心脏病发作，或导致心脏病发作猝死。研究结果非常明确。莫里斯的研究论文首发于 1953 年 11 月 21 日的《柳叶刀》（*Lancet*）杂志。他在论文中得出结论，售票员（工作时动得更多）患冠心病的概率远低于久坐不动的司机，出现冠心病的年龄也更晚。公交车售票员确实也会得心脏病，但主要是症状更温和的心绞痛，而且早期死亡率也远低于一起工作的司机。在 3.1 万名交通运输业研究对象中，司机的心脏病猝死率是售票员的两倍多。

莫里斯的发现并没有直接揭示运动（即我们如今所知的自发运动）和健康及低死亡率间的联系。他的结论仅针对他对交通运输业的研究。莫里斯认为，“售票员活动量更大”可以解释为什么售票员比坐在方向盘前的同事更健康。身体活动是决定因素，这为之后对运动和心脏病及其他疾病的科学研究奠定了坚实基础。然而，莫里斯并没有止步于此。他的初步发现促使他对这一课题展开了进一步研究。他研究的下一个群组是数千名英国邮政员工和公务员。莫里斯的发现和公交车售票员及司机的情况一样。邮政工人每天步行送信，行走距离达数公里，还要携带大量邮件，他发现他们患心脏病的概率远低于公务员。后者从事行政工作，大多都是整天坐在办公室里做文职——处理文件、接电话等。

巧合的是，1953 年，也就是莫里斯在《柳叶刀》发表首份报告的同年，医学博士汉斯 · 克劳斯（Hans Kraus）和露丝 · P. 赫希兰（Ruth P. Hirschland）这两位生活在纽约的物理康复专家发表了一篇有关运动的学术论文，他们关注的是一个截然不同的群组：6 岁至 19 岁的少年儿童。克劳斯和赫希兰研究了美国国内外约 7000 名少年儿童。他们发现，在仰卧起坐、仰卧抬腿、够脚趾等简单的体能测试中，美国少年儿童的表现不如欧洲少年儿童，而且远远不如。这要归咎于美国的久坐文化——依赖汽车，总是坐在沙发上看电视。报告发表之初没有引起太多关注，但次年在

《纽约州医学期刊》（*New York State Journal of Medicine*）再度发表时引起了约翰·凯利的注意。凯利是费城著名的金融家，曾是美国单人双桨赛艇冠军，一如其父格雷斯·凯利。有56%的美国少年儿童没有通过这些简单的体能测试，而参加体测的欧洲少年儿童中仅有8%没有通过，这一发现让凯利大为震惊。他将报告交给了宾夕法尼亚州参议员詹姆斯·达夫。后者就这一议题召集了一次白宫午宴，由美国总统德怀特·D.艾森豪威尔主持。

当时赫希兰已经离婚，名字也改成了邦尼·普鲁登（Bonnie Prudden）。她当时受邀出席了午宴，一同出席的还有多名体育教育专家和30多位顶尖职业运动员，如威利·梅斯、比尔·罗素，因此媒体势必会大加报道。普鲁登性格活泼，颇有口才，她在讨论中的表现显然让艾森豪威尔印象深刻，因为他随即便指示副总统理查德·尼克松召开大会，为改善美国少年儿童的健康状况制订行动计划。尼克松照做了，他召开的会议促成了1956年7月一个联邦新机构的成立，即青少年健康总统委员会（President's Council on Youth Fitness）。其成立得到了艾森豪威尔第10673号行政命令的批准。

除了这些会议的召开和有影响力的名人的参与，还有一个因素，一个非常私人的因素，必定也对艾森豪威尔总统起到了一定推动作用：前一年，即 1955 年，他在任期内经历了一次心脏病轻度发作。这震惊了美国公众。时年 65 岁的艾森豪威尔看起来很健康。他是五星上将，经常打高尔夫，这点尽人皆知，而且他的 8 年任期才刚刚过了两年。但他也是烟民。负责照管他健康的心脏病学家保罗·达德利·怀特（Paul Dudley White）博士奉劝过总统戒烟，同时更规律积极地运动。谢莉·麦肯齐（Shelly McKenzie）的《说说身体》（*Getting Physical*）探讨了美国健身文化的兴起，她在书中指出："（心脏病的）传统康复计划要求病人在发作后静养数周，并长期居家康复，而怀特开出的运动处方与之背道而驰。"怀特对吸烟的警告也同样超前于时代。第一份关注吸烟与健康议题，将吸烟和肺癌、心脏病明确联系起来的美国公共卫生局局长报告要到 1964 年才出现。

艾森豪威尔建立青少年健康总统委员会自然值得称道，但其实该委员会并没有在他执政期间引起太多关注和兴趣。艾森豪威尔没有刻意进行推广。这一点在比他年轻许多的继任者，时年 44 岁的约翰·F.肯尼迪（John F. Kennedy）当选后彻底发生了改变。肯尼迪拓展了委员会目标，将成人和少年儿童一起纳入进来，从一开始就将推广健身作为他执政的标志性议题。他将委员会更名为体能总统委员会（President's Council on Physical Fitness），经常在媒体和公众面前谈论这一话题。肯尼迪在 1961 年（我出生那年）的演讲中开门见山："我们整个国家都运动不足。我们光看不玩，光阅读不走路。"

然而，那并不只是说说而已。全新的体能总统委员会发起了一场大规模的全国性宣传活动来推广健身，还出版了一本题为《成人体能》（*Adult Physical Fitness*）的小册子，里面提供了一系列适合男女两性的简单动作组合，由数十位专家一起参与编排。20 万户家庭免费领到了小册子，还有成千上万的家庭以 50 美分或更低的售价购得。我小时候家里也有一本。我还清楚地记得它的样子：红白蓝的爱国配色，黑白照片里模特演示着仰卧抬腿和登阶。现在翻看起来，我发现书中为男女两性制订的运动方案异常周到明智，让我很是折服。训练从热身开始，接着是够脚趾、俯卧撑、仰卧起坐、仰卧抬腿等"体能训练"，最后是几分钟"循环系统"训练，如慢跑、跳绳或原地跑。除了慢跑，训练计划中的所有项目都能在家进行，除了椅子和身体便无须任何装备。

体能总统委员会确实令人称道（而且依然如此，这个关注健康的委员会在历届总统治下不断发展壮大），但其早期推广活动明显缺失了一点，即有色人种。针对成人的体能总统委员会册子清一色用的是白人模特，我找到的体能总统委员会海报和广告也几乎都是（一群小学生里偶尔会有一个黑人女孩或男孩）。所幸还有非裔美国人的出版公司填补这一空白，比如具有开创意义的芝加哥出版公司约翰逊（Johnson Publishing）。从 20 世纪 50 年代末到 70 年代及以降，约翰逊旗下的热门杂志《乌木》（*Ebony*）和《黑玉》（*Jet*）刊载了大量文章，讨论运动对美国黑人的重要性，其中包括不少对当红非裔美国名人的采访，如多萝西·丹德里奇、凯伯·卡洛韦，采访中附有这些名人用自己的方法运动的照片。

至于美国其他有色人种，如拉美裔美国人、土著美国人、亚裔美国人，我还没找到类似公共卫生运动的例子，也没找到那一时期专门报道他们、展示他们图像的重要媒体报道。这一点到很多年后才开始改变。事实上，这一等就要等到 1996 年。美国公共卫生局代理局长兼医学博士奥德丽·F.曼利是担任该职的第二位有色人种，她的前任医学博士乔伊斯林·埃尔德斯是第一位。她以多年科学研究为后盾，在当时发布了一份全面的《身体活动与健康报告》（*Report on Physical Activity and Health*）。曼利博士是儿科医生，特别关注肥胖率的上升。她在报告中向全体美国人强调了两件简单的事情："首先，适度活动被证实对健康有益，即能每天消耗约 150 大卡或每周消耗 1000 大卡的活动量（比如每天快走 30 分钟）。其次，身体活动不一定要剧烈才对健康有益，但其有益程度和规律的身体活动量直接相关。"

回过头去看，古人对运动的看法倒也不太偏颇。柏拉图在 2000 多年前就说过："造就良好体格的不是运动量，而是其适度的本质。"

70 年代

The Seventies

或许有人认为，强身健体必须天生强健，实则不然。诗人据说是天赋诗才，身强者却可自我造就。

——尤金·桑多（1867—1925）

20 世纪 50 年代，几乎就在美国政府倡导健身的同一时期，另一事物的重要影响也在逐渐深入美国文化，那就是电视。有人认为，美国人变成缺乏运动的“沙发土豆”全拜电视所赐。杰克·拉兰纳开始出镜。这位健身传道者相貌英俊，身材修长，总是穿着连体衣。1951 年，他开创性的健身节目《杰克·拉兰纳秀》（*The Jack LaLanne Show*）在一家旧金山电视台开播，后来又被美国广播公司（ABC）选中，于 1959 年作为日间节目在全美播出，一直到 1986 年停播——那时我刚大学毕业没几年。他的主要受众是女性，通常都是像我母亲那样的全职妈妈。她们会在家中跟着杰克做仰卧抬腿、仰卧起坐和开合跳。尽管也有其他主持地方电视节目或定期上全国性访谈节目的名人谈论运动，做运动示范，比如佩奇·帕尔默和玛吉·莱特文，但在利用媒体倡导运动、健身、减肥方面，杰克·拉兰纳堪称真正的先驱。我的童年里自然少不了他。这位身着紧身连体衣的男士健康性感，在电视上格外迷人。对我而言，杰克·拉兰纳就是20世纪60年代的尤金·桑多。只可惜，70年代接着到来。我长成了少年，杰克·拉兰纳也遭到了一位全新偶像的取代，那就是阿诺德·施瓦辛格。此人对日后人们健身原因的改变影响重大。

现在想到施瓦辛格，我很难把加入保守主义共和党、当选加州州长的他和1977年横空出世的他剥离开来。1977年，讲述男子健美亚文化的纪录片《施瓦辛格健美之路》（*Pumping Iron*）刚刚上映，施瓦辛格开始在美国杂志和电视访谈节目中亮相，宛若外星来客。（他其实是来自奥地利。）施瓦辛格有一种锋芒毕露、不同寻常的性感，简直就像超级阳刚版的玛丽莲·梦露。他身高1.8米以上，块头硕大，相貌英俊，有“奥地利橡树”之称。他的大块胸肌无人能敌，一咧嘴就露出一条宽大的门牙中缝，笑容中带着顽皮，说明他并不过分看重自己。

施瓦辛格自信自洽，似乎毫不在意被当作花瓶看待，无论是被男人还是被女人。他为《时尚COSMOPOLITAN》杂志拍过裸体插页——摆拍姿势巧妙地遮住了隐私部位。但众所周知的是，他也为主流表演艺术杂志《天黑后》（*After Dark*）拍摄过，尺度甚至超越了伯特·雷诺兹*。照片里，时年30岁、健美事业正如日中天的施瓦辛格在更衣室中一丝不挂，仿佛刚刚出浴。他在其中一幅照片中裸露着肌肉发达的臀部，而在另一幅中，他的生殖器清晰可见。

年轻的施瓦辛格就像桑多——表演者、暴露狂、企业家，不知羞耻为何物，但桑多使用了类固醇。施瓦辛格和当时乃至今日的健美者一样，大量使用了美雄酮、癸酸诺龙等早期兴奋剂，让身体变壮变大。这是公开的秘密，他本人后来也曾当众承认。无论男女，不借助药物就练出那样的肌肉是很罕见的。20世纪70年代突然涌现了许多像施瓦辛格那样英俊、健硕的健美者，比如佛朗哥·哥伦布、卢·费里尼奥、塞尔日·努布雷、弗兰克·赞恩，但正如好莱坞即将发现的那样，施瓦辛格有个别人没有且无法用

*伯特·雷诺兹（Burt Reynolds，1936—2018）：美国演员，曾于1972年为《时尚COSMOPOLITAN》杂志拍摄裸照，在美国引起轩然大波。

注射弥补的优势——他有着电影明星般的魅力。

《施瓦辛格健美之路》上映没多久我就看了。我当时16岁，一下子就受到了施瓦辛格那样的大块头健美者的激励。（我父亲也挺健壮，而且一贯热爱运动，但他对举重毫无兴趣，也不屑在健身房的重训区浪费时间。）我向父母要了全套举重器械作为生日礼物，包括卧推凳在内，开始每天在卧室训练，训练方法来自我的新宠杂志——乔·魏德（Joe Weider）的《肌肉与健身》（*Muscle & Fitness*）。（我后来发现，这本杂志在身体文化开始兴起的20世纪30年代就已存在。）我很快就开始越来越壮。我找到了查尔斯·盖恩斯（Charles Gaines）和乔治·巴特勒（George Butler）1974年出版的《泵铁：健美艺术与运动》（*Pumping Iron: The Art and Sport of Bodybuilding*）——一部关于施瓦辛格和其他奥林匹亚先生大赛（Mr. Olympia）参赛者的图片论文集，这项大赛也构成了施瓦辛格纪录片的基础；还找到一本满是猛男海报的《施瓦辛格健美之路》日历。

16岁的我还太年轻（住的地方也不对），没能真正享受到70年代。那是个享乐但仍保有天真的年代，艾滋病尚未出现的年代——“‘唯我’的10年”，这个广为人知的称呼来自汤姆·沃尔夫（Tom Wolfe）1976年的一篇论文。但我当然还是有在关注。空气中弥漫着刚刚觉醒的性自由的气息。这在很大程度上要归功于女性解放和同性恋解放运动的日益公开化，以及这些运动对自决、自由，当然还有平等的强调——包括法律和床笫。多元的文化元素也对性观念的松动起到了推动作用，如避孕药的广泛普及，堕胎在美国的合法化，色情片的主流化。

运动、健美及健康俱乐部（一些健身房开始这样营销自己）完美地契合了这种“自恋文化”——作家克里斯托弗·拉希在1979年的同名著作中如是称呼。体魄强健不仅与健康联系在一起（这在当时几乎已是理所当然），也史无前例、毫不避讳地与性感联系在了一起：强健即性感。训练带来的外表变化如今和训练带来的感觉一样重要，甚至可能更加重要。一位健身私教直白地对我说道：“说白了，运动主要是为了肉体好看。”施瓦辛格是这种理念的绝佳体现，对年轻男性尤为如此。他涂好油的古铜色身体宛若性征服的光鲜战利品。在健身房泵铁甚至可以和性媲美。“这是世上最棒的感觉。”施瓦辛格曾这样描述健身给他的感觉。

施瓦辛格点燃了我对健身的兴趣，但在20世纪70年代那至关重要的10年里，还有许多杰出的运动员和体育偶像如雨后春笋般涌现，比如李小龙。他对武术的贡献可以和施瓦辛格对健美的贡献相比拟。李小龙出彩的运动能力，精瘦结实的体格，以及绝无仅有的武术技巧（在 1972 年的《精武门》和 1973 年的《龙争虎斗》中均有展现，两片都大获成功），在西方掀起了一股前所未有的东亚武术热。这股狂热一直延续到了如今高人气的综合格斗和终极格斗冠军赛（UFC）联盟中。同样重要的是，32 岁便英年早逝的美籍华人李小龙，帮助改变了人们对亚洲男性的普遍看法，挑战了认为亚洲男性顺从或软弱的落后刻板印象。他本人恰是这种刻板印象的反面。他是无与伦比的斗士，是和同时代拳手穆罕默德 · 阿里一样出类拔萃的运动员，也和阿里一样坚韧不拔。

其他运动中，留着两撇小胡子的马克 · 斯皮茨（Mark Spitz）在 1972 年奥运会上斩获 7 枚金牌，一举成为游泳项目的代表人物——既是指实力，也是指形象。他穿着红白蓝速比涛泳裤的画面，和几年后法拉 · 福西特*身着红色泳装的海报一样无处不在。他让游泳显得又酷又性感。

* 法拉 · 福西特（Farrah Fawcett，1947—2009）：美国演员。她 1976 年为海报公司 Pro Arts 拍摄的红色泳装海报在美国卖出 1200 多万份，被认为是当时最热销的海报。

性格和善的弗兰克·肖特（Frank Shorter）在同年意外获得奥运会马拉松金牌（并在1976年获得银牌）。他被认为让慢跑和长跑运动得到了前所未有的推广，让跑42公里显得莫名轻松。从那时起，跑步和慢跑现象一跃成为全新产业，包括跑鞋、短裤等装备，以及杂志乃至书籍——吉姆·菲克斯（Jim Fixx）1977年的畅销书《跑步全书》（*The Complete Book of Running*）所取得的成功就是明证。书的封面颇为抢眼：鲜红的背景映衬着作者奔跑中的强壮双腿。

毫无疑问，当时也有许多天赋异禀的著名女性运动员激励着男男女女，如美国跑步运动员玛丽·德克尔、苏联体操运动员奥尔加·科尔布特、罗马尼亚体操运动员纳迪娅·科马内奇，以及网球名将比利·琼·金、马丁娜·纳夫拉蒂洛娃等。但我要说，20世纪后期的体育运动，对妇女和女孩生活起到最实质、最持久影响的不是任何男人或女人，而是一项立法，即1972年6月23日在美国签署生效的美国教育法修正案《第九条》（Title IX）。

必须理解并记住的是，《第九条》的颁布是对《1964年民权法案》（Civil Rights Act of 1964）的补充，该法案旨在终止基于种族、肤色、宗教或祖籍国的就业歧视和“公共设施”歧视。类似的法律还有林登·约翰逊（Lyndon Johnson）总统1964年签署生效的《第六条》（Title VI）。《第六条》禁止接受联邦资助的私人或公共机构基于种族、肤色和祖籍国进行歧视，但没有提到性别歧视，于是开始有活动家（主要是70年代初参加过女性解放运动的活动家）游说国会将性别纳入保护类别。

《第九条》由夏威夷州女众议员帕奇·明克（Patsy Mink，日语名为竹本松，是首位当选众议员的有色人种女性及亚裔美国女性）和印第安纳州参议员伯奇·贝赫（Birch Bayh）联合撰写，由理查德·尼克松总统签署生效。其目的正是填补上述空白。这部法律的核心内容只有一句话，意思简单明了：“在美国，任何人都不得因性别被排除在任何接受联邦资助的教育项目或活动之外，不得被剥夺此类项目或活动提供的待遇，也不得在其中受到歧视。”

需要注意的是，这部法律不是单单针对女性，而是适用于男女两性。《第九条》也不仅是所谓的体育公平法。有些人有此误解，但也情有可原。《第九条》适用于任何接受联邦资助的公共教育项目，包括科学、技术和数学项目，这是重点所在。但即便如此，今天人们知道这部法律，主要还是因为它改变了女性在美国高中和大学参与体育运动项目的方式，哪怕只是通过为她们提供公平资助和平等机会。女性曾被称为“弱势性别”，《第九条》也标志着这种由来已久的刻板印象的巨变。如今的女性不仅能立志成为体操、花样滑冰、网球运动员，还能向往成为篮球、棒球、足球、排球、武术、拳击和曲棍球明星。

当然，这一切并非发生在朝夕之间，《第九条》的通过也并非毫无争议。有人曾经宣称（并且仍然宣称），增加对女性的保护的代价是男性的高中及大学体育项目变少。（摔跤这项典型的男性运动常被列举为新法牺牲品，因为新法让它失去了资金和地位。）为了解决女性面临的机会不均，一些针对青年男性的项目确实遭到了裁撤或某方面的削减，但我认为这是种必要的平衡，而且迟来已久。研究显示，在过去 50 年里，参与体育运动的女性人数已有大幅上升。2006 年发表的一项研究表明，参与高中体育运动的女性人数较 1972 年增加了 9 倍，参与大学体育运动的女性人数则增加了近 500%。

现在人们理所当然要问，《第九条》促成的进步与女性参与各类运动有何实际的历史关联？毕竟，我从没说过有组织的运动或体育比赛和运动是同一码事。但我认为，《第九条》为美国的文化、政治、法律乃至金融有效地按下了重置键，为女性能和男性一样流汗（真正地流汗）创造了机会。就这方面而言，还有比简·方达更好的例子吗？

简·方达生于1937年。她在自传《人生至今》（*My Life So Far*）中指出，在自己"开始所谓成人生活的年代，女性还不能参与高强度体锻活动"。在20世纪50年代和60年代，"我们不该流汗，也不该有肌肉"。她学了20年芭蕾，那是她保持身材的方法。然而，改变在1978年到来。她在拍摄《中国综合症》（*The China Syndrome*）时脚部骨折，不能再穿足尖鞋，也无法再上芭蕾课。不过，41岁的她即将参演影片《加州套房》（*California Suite*），要在某个场景中穿比基尼出镜。出于角色需要，她决心要让身材紧实苗条。方达的继母建议她，等脚痊愈后去世纪城吉尔达·马克思的工作室试课。据说那里有个叫莱妮·卡兹登的老师"棒极了"。

方达描述道，卡兹登的课不像20世纪80年代风靡一时的有氧操课（这种风靡在很大程度上要归功于方达自己）那么高强度，而更像是低强度体能课，类似于杰克·拉兰纳在电视节目里演示的运动，或者体能总统委员会指定的运动。但卡兹登的课至少有一大不同，就是音乐。她的上课音乐融合了流行乐和节奏布鲁斯：弗利特伍德·马克乐队、特迪·彭德格拉斯、史蒂维·旺德、马尔温·盖伊。方达非常喜欢。她写道：“我开始跟着另一种节奏舞动，和那些你透过车窗看到的人一样，在车里跟着只有自己能听到的音乐唱歌、摇摆。我再也没重拾芭蕾。”方达认为自己是“正在康复的食物上瘾者”，她曾多年患有暴食症，但现在，卡兹登的健身课成了她的新“瘾品”：“我一天都不想错过。”没有排课时，方达还会请卡兹登给她上私教课。

方达想进军健身行业，并不仅是因为自己的运动新好。她的丈夫——政治活动家兼未来的加利福尼亚州众议员汤姆·海登，刚刚创建了一个名为经济多样性运动（Campaign for Economic Diversity，简称CED）的草根组织。这是一个州级非营利组织，关注经济平等、租户权利、环境保护及相关议题。CED和许多刚起步的非营利组织一样，一开始就面临着筹款的严峻挑战。海登和方达集思广益了好几个月，想了各种筹钱的办法。他们想过开餐厅或汽修店，但方达指出，他们对这些行业一无所知。然后有一天，她突然灵机一动：她最近对运动很有热情。她想和卡兹登合伙开健身工作室。卡兹登喜欢这个主意，于是两人达成协议，在贝弗利山庄找了个小店面。1979年，两位女士的“简和莱妮健身”（Jane and Leni’s Workout）工作室正式开门营业。根据协议条款，工作室由CED所有，其收益将直接用于支持CED运营。也就是说，方达自己将分文不取（至少一开始是这样），卡兹登则会和其他员工（若干教练和一位总经理）一样领薪水。

方达在自传中回忆道：“我们对巨大的成功毫无准备。”从第一天起，“就跟雪崩一样，我们都不用付钱登广告”。在这位奥斯卡影后的名人光环下，“访谈节目主持人默夫·格里芬和芭芭拉·沃尔特斯提出请求，希望来拍摄上课过程。人们从全世界各地涌来”。用她的话来说，这成了“世界级现象，超出了我们任何人的想象”。而且那时她们还只开了一家工作室。

为了吸引客户（大多是女性）再回来尝试不同课程，她们着手开发了一系列健身新项目，其中不少由方达亲自带课：初级、中级、高级健身课，孕期、生产、产后恢复健身课，拉伸课，针对停经女性的课程，以及搭配流行、迪斯科、乡村等不同风格音乐的课程。方达和卡兹登及她们手下的教练一起开发的，是一种全新的运动表现形式，也是一系列书籍录像的素材——无论她有没有意识到这点。

她说自己学习了解剖学和生理学，精通运动科学的基础知识，包括有氧运动在内。

1968 年，美国医生肯尼思·库珀（Kenneth Cooper）出版了开创性作品《有氧运动》(*Aerobics*)，当时还没什么人知道这个术语，他在书里解释了这种运动的益处。有氧运动是一种持续的低到高强度运动，可以提高心率，增强身体大肌肉的氧合作用，通常需要剧烈活动 15 到 20 分钟。库珀的原著有如内容枯燥的科学教科书，但他在 1979 年，即方达开设工作室的同年，出版了一个面向大众市场的修订版——《新有氧运动》(*The New Aerobics*)。这个版本提供了一个简单的计分系统，可以通过走路、跑步和其他简单的心肺运动追踪有氧活动。万事都已齐备——世界有氧热从此开启。

两年后，即 1981 年，方达写了《简·方达的健身书》(*Jane Fonda's Workout Book*)，该书连续两年跻身《纽约时报》(*New York Times*) 畅销书榜。后来又出现了一系列的畅销健身书籍。然而，是方达率先冒险拍摄了录像带，为健身（尤其是女性健身）带来了革新，也为自己赚到了数百万美元。

方达说，她经过劝说才同意在 1982 年拍摄了第一支录像。当时几乎没人有录像机。录像机很贵，商业录像带也没有市场。方达自己也没有录像机。况且，身为演员，她不确定制作低成本录像会不会损害她的电影事业，让她显得“很蠢”。向方达提出这一设想的是一名名为斯图尔特·卡尔的商人，他妻子读过方达的健身书，是她说服了丈夫。卡尔试了好几次才让方达点头，而方达仅仅希望此举能为CED多赚点钱。

第一支录像名为《简·方达的健身术》(*Jane Fonda's Workout*)，它成为史上成功的家庭录像之一（据称，这支录像共售出1700余万份拷贝，为CED筹集到了大量资金，致使方达最终改变了最初的业务安排，成为多媒体健身业务的独资经营者）。“家庭录像”一词中的“家庭”是关键所在：女性不用成为健身房会员就能运动，也不用在想运动时雇保姆看孩子；她们不用坐车去方达在贝弗利山庄的工作室，也不用出门散步或跑步。她们足不出户就能“做简”（这个说法渐渐流行开来），无论人是在俄亥俄州、南非还是在危地马拉，而且想怎么穿就怎么穿。方达是位特别有帮助的老师。她会先带你做些拉伸练习热身，然后过渡到我觉得是中等强度的心肺训练，针对身体各部位（手臂、肩膀、腹部等）做些简单的练习，同时用真诚的热情为你打气。“抬起，放松，收紧!”她在演示臀部训练时喊道，“加大幅度! 5、6、7、8——让肌肉灼烧起来!”主体训练后是结合了温和瑜伽动作的放松运动。

这么多年过去了，方达的独创健身法依然非常管用，如今在网络上也有资源。当然，在她推出录像的那个年代，只有用录像机才能观看，但《简·方达的健身术》的成功在一定程度上推动了这一市场的爆发式增长，让录像机的价格变得更加实惠。相对而言，录像本身并不昂贵——比健身房会员费便宜许多，而且还会定期推出新版本。根据最新统计，简·方达一共制作了23盘健身录像带、12个音频节目，另外还著有许多健身书籍。

随着20世纪70年代和80年代初多项进步的出现，健身行业已经打下牢固的基础，为成为如今价值数十亿美元的多元化全球产业做好了准备。然而，就在这时，在运动史恰逢转折之际，一种改变世界的致命病毒开始出现——迄今已夺去3200万余人的生命。

镜中之人

The Men in the Mirrors

生命不过是四肢的运动……

——托马斯·霍布斯（*Thomas Hobbes*），

《利维坦》（*Leviathan*），*1651* 年

现在已经很难回忆起艾滋病肆虐之初时的那种情绪。我不是指 20 世纪 80 年代初的第一波骚动，那时还没人知道要害怕。我是指更近的年代。在蛋白酶抑制剂出现前的齐多夫定时代，一旦感染，人们几乎无能为力。唯一的办法是采取原始措施来预防机会性感染，但这当然不能保证人们不会死于卡波西肉瘤、巨细胞病毒、肺孢子虫病等并发症。艾滋病患者在患病后继续存活三四十年，这样的可能几乎不可设想。

1985 年 7 月，我从西雅图搬到卡斯特罗街*，感觉像是

* 卡斯特罗街（the Castro）位于美国旧金山。

搬到了另一个国家。当时恰逢罗克·赫德森*去世，所有报纸都在报道这种致命病毒的消息。那年我 24 岁，大学毕业刚刚一年。

那时我最害怕的不是疾病，也不是会接触到HIV病毒（人类免疫缺陷病毒）。我最怕的是陌生人的消失。健身房或公交车上常常偶遇的人，或是我周复一周重访斯塔德酒吧，只为再见一面的人，他们突然不再出现。当然也不乏搬家、工作调动、换健身房的可能。他可能遇到了车祸，我这样提醒自己。但没过多久我就明白，适用于大部分人生活的中奖概率在此并不适用。“说来也怪，不管谁消失，据说人都在旧金山”。现实仿佛刷新了奥斯卡·王尔德的名言，阴暗地颠倒了条件和结论。

我认识的一些人对这种陌生的新疾病非常熟悉，他们隔着几个街区就能察觉到它的存在，就像熟悉这座城市多变的天气一般——哪怕是在最早期，只有新型HIV抗体测试才能证明感染的时候。据他们说，那是因为“那副样子”，别无其他。他们的直觉让我着迷，直到我也具备这种

* 罗克·赫德森（Rock Hudson，1925—1985）：美国演员，是第一位因艾滋病并发症去世的名人。

直觉。几年过去，经历了几位朋友的离世后，我也掌握了这项技能。

逐渐变得可怕的不是一个个消失的角色，而是你能预见到情节的发展。每当一个故事戛然而止，又有另一个马上开始——循环不息。我记得有一次我去探望朋友杰夫，给他送点吃的，当时另一位朋友彼得刚刚去世。杰夫那时24岁，刚刚出院。他之前因为持续头痛痛苦不堪，人也因为腹泻非常虚弱。为了让医院立即收治他，而不是再耽搁好几小时，杰夫在医院候诊室里上演了一场自杀大戏。“我只是吃了点药，剂量刚好能昏过去。”杰夫对我说道，“如果要做得彻底，得吃更多药，还需要酒精。”

那会儿他和斯图尔特住在一起。斯图尔特患有当时所谓的艾滋病相关综合征，他正在绝食抗议。这场绝食广为人知，目的是抗议里根总统治下联邦艾滋病防治经费的匮乏。那是1986年的冬天。打开他们公寓的前门仿佛打开200摄氏度的烤箱。我立刻一件件地脱起衣服来。斯图尔特靠在沙发上，被两个胖胖的老男人夹在中间。他裹着条睡袋，发着抖，我只看得到他的金发、削瘦的脸庞和金属框眼镜。房间里开着七八个电暖器，或“噼里啪啦”，或“呼哧呼哧”，或嘶嘶作响，声音时断时续，地板上映着它们发出的橙色暖光。没有人说话。墙上只有一幅巨大的日历，上面记录着斯图尔特绝食抗议的进程，标满了“×”。我的身后，门被淹没在了黑暗里。

我站在那里，有那么一刻有点神志不清，感觉到了对疾病的终极恐惧：泥足深陷，逃无可逃，就像杰夫和斯图尔特那样——被生活困住，被还没走到将死之时的身体困住，却又不顾一切地想要跳脱出来。我当时想，如果我和另外那两个人一样坐在沙发上，安静地等待着自己的大限到来，如果我把这里当成家，那我将再也走不出这间公寓。我找到去厨房的路，把食物放进空空如也的冰箱，然后去看了看杰夫，他正在睡觉。他活着时，我对他最后的印象就是在那间温室般的昏暗卧室里。尽管屋里很热，他还是戴着帽子、手套，穿着冬天的大衣，人摊成一个大字，斜趴在床上，仿佛跌进了齐膝的雪里，再也爬不起来。

几天后，有人看到他拖着一桶水和一个取暖器，满屋子找着插座。杰夫不得不重新住院。他在医院里被迫参加团体治疗，还被认为有自杀倾向，接受了一系列精神病测试。医生找不出他有什么问题。别人告诉我，他在病房住了几天，突然就不开口了。我记得我当时想，我不奇怪：他已经做好了死的准备，也不想再和任何人谈这件事，不管是医生、社工，还是朋友。我将他的沉默理解为一种体面的投降。直到进行尸检，医生才发现他的大脑因为艾滋病出现病变，而病变导致了失语和痴呆。

死者的面孔每周都会出现在《湾区报道》(*Bay Area Reporter*)上。那是份地方性报纸，会为新近艾滋病逝者刊登带照片的讣告。拿起报纸，我会本能地先翻到这版，内容通常占满两页或者更多。我总是会看到我认识的人，一起跳过舞或健过身的人。

一天晚上，我梦到和史蒂夫一起去敲朋友家的门。他应了门。

"你好。"我试探性地说道，吃不准该用什么口吻，"我们听说你现在很健康，已经没有病毒了。"

"没错，"他平静地答道，"现在我只是在试着过没有病毒的生活。"

我们都神经质地笑起来。

"那你是怎么好的呢?"史蒂夫问道，"吃了什么药？看的哪个医生?"

他刚要回答，屋里突然有人叫他。"抱歉，我去去就来。"他承诺道，"你们在这儿等我。"

我和史蒂夫等啊等啊，朋友没再回来。

我们清醒时的生活往往也和梦境相仿：我们并肩站着，互相支持，相信一定会有答案，但也不禁怀疑，对等待感到厌倦。

等到答案真的到来（以蛋白酶抑制剂的形式），我们始终觉得不可思议。那是在1996年，对史蒂夫来说正是生死存亡的紧要关头。四五年后，史蒂夫重获健康：他的T细胞趋于稳定，已经检测不到“病毒载量”。我们和许多使用这种药物的人一样，觉得松了口气。但自满和忘却是一刻都没有的。那怎么可能？从史蒂夫那方面来说，他每天都要严格按时服药，还要不时更换药物，应对副作用，定期验血等。就我而言，我每时每刻都清楚地知道，只要稍有闪失，或者出现意外，我就可能发现自己也在服用药物鸡尾酒。

史蒂夫去世的那晚，我们一起去了健身房。我去做重量训练时，他在拉伸区做仰卧起坐和其他腹肌训练，我的眼前至今仍能浮现出那个画面。30多年过去了，我不知道为何萦绕在我脑中的偏偏是那个画面、那个场景，但它就是萦绕不散。或许是因为那一幕里的他看上去如此健康、强健——只是第二天就不在了。又或许是因为我和史蒂夫初次相遇就是在健身房：我们关系的起点和终点融合在了同一个瞬间——在健身房地板上的瞬间。

那家健身房叫“肌肉系统”（Muscle System），现在也不在了。“肌肉系统”有两层，顶层装有天窗。每面墙都镶满了落地镜，为从各个角度端详自己提供了绝佳条件。当然不乏刻苦训练的铁杆健身爱好者，但“肌肉系统”从来不是戈尔德健身房那样的硬核健美馆。健身不仅让我们与年龄赛跑，也让我们与艾滋病赛跑。当有人说他“应该保持身材”，他或许是为了对抗病毒或避免消瘦综合征（艾滋病引起的常见症状），而不单单是为了健美或减肥。对有的人来说，增重、减脂、增肌表明他对自己的身体有着可衡量的控制。若非如此，在他生命的这个阶段，他本可能会因为病毒对身体的慢慢蚕食，或因为要摄入有毒药物来对抗绝症而感到无助。

健身房人满为患时，聊天的人往往比重训的人还多。更衣室闲聊无缝过渡到讨论HIV近况是常有的事。组间休息时，你可能会听到一群年轻的瘦子从前一晚的艾滋病义演，讲到皮革先生大赛（Mr. Leather）的细节。你也可能在饮水机旁听到两位朋友做计划——要去给另一名健身房会员送吃的，后者正在家里与氧气罐和吗啡处方为伴。在健身房很少能让你完全忘却艾滋病，得到彻底的喘息。其实全旧金山都没有这样的地方。就连随处可见的艾滋病解放力量联盟T恤和震耳欲聋的音乐——比如内内·彻丽（Neneh Cherry）受艾滋病启发改编的《你在我的心灵深处》（*I've Got You Under My Skin*），偶尔也会残酷地提醒我们，自己正身处什么样的困境。

“肌肉系统”里的人都在直接或间接地经历着艾滋病的某个阶段——感染、生病、生存、护理、否认、哀悼。艾滋病在我们生活中的重要程度，或许确实在“肌肉系统”得到了最佳体现。夜复一夜，健身房里总是有新一拨的会员结伴前来：刚到这座城市的健康新面孔，不断取代着那些已经离开的人。在“肌肉系统”的前台，柜台上偶尔会贴着纸条，公告着离世健身房会员或员工的追悼会详情。纸条往往比当周的《湾区报道》讣告还早出现。

我记得见过一张纸条，是关于马克的追悼会。他几乎每晚下班后都来健身房，一连来了好几年。我并不真的认识他，但他在时我会留意到他，他不在时我也会注意到。他总是得体地穿着西装，打着领带，外面套一件驼毛长大衣或风衣，手里拎着公文包和健身包。他会把毛巾挂在脖子上，步履轻快地走去更衣室，向路上遇到的所有人挥手致意，“你好，你好呀”——后面再加上他们的名字，只要他记得。

我最后一次在“肌肉系统”见到他，他看上去瘦了八九公斤——这在当时的旧金山并不少见，虽然更可能是因为艾滋病，而不是因为运动和节食。后来我就再也没见过他。这么年轻有活力的人怎么会走得这么快？怎么连他也会离开？那感觉就像是，有一天，他穿着荧光色骑行短裤和无袖上衣，同往常一样在健身房运动，然后就那么穿过镜子，消失了。

休整

A Break

身体一旦不适，运动就该停止。

——盖伦，《医术》（*The Art of Medicine*），约 180 年

我在健身培训课中学到，有时不妨暂停运动，做个休整——让关节、肌腱、韧带、大脑休息一下。然而，休整期有时要比事先计划或以为的长得多。我有段时间就是这样，很久都没运动，这本书也搁置了很久。而且这个很久不是几周，而是几年。

这整个阶段的开始，我和运动的这次离别，是在我失去奥利弗后不久——他 2015 年 8 月去世，享年 82 岁。以前我们每周都要一起游两三次泳，通常是就近找泳池，游个一千米。我们共用一条泳道，时常每周一起拼一节游泳课。我们在各种地方游泳，只要能游——冰冷的山地湖，咸咸的大海，纽约过度氯化的公共泳池。我们在伦敦、冰

岛、耶路撒冷、旧金山的高雅酒店游过泳，在库拉索岛和圣克罗伊岛做过水肺潜水。我脑中一段很有趣的记忆，是有一次和奥利弗在纽约中央公园的公共大泳池里游过泳。那是个闷热的夏夜，热到所有人都往泳池里钻：游泳的人、孩子、大家庭、纽约人。岸上只有寥寥几个救生员，手忙脚乱地试图维持某种秩序，提防着男孩们玩跳水轰炸，哨声在喧嚣中此起彼伏。但那地方根本就无可救药，在那儿游泳简直像是在时代广场游泳。奥利弗置身这一切之中，单眼失明，却仍不屈不挠，挣扎着在泳池里游着来回，我则像个疲惫不堪的保镖般游在他的身旁。

奥利弗直到去世前夕都在坚持运动——他仍在坚持游泳，尽管速度和距离都不如从前。等到他没法再安全地自己走去健身房，可爱的伊恩教练便开始上门带课，指导他用轻哑铃、弹力绳、波速球做些简单的练习。奥利弗也会在走廊里来回跨步，做些有氧训练。即便只能卧床时，他也会尽量用力地活动四肢。他自嘲地称之为“垂死者的运动”，但他这么做，是因为运动让他感觉良好，让他充满活力。

我们在纽约医学学会的礼堂为奥利弗办了追悼会，用上百株新鲜的蕨类植物（他的最爱）把舞台摆得满满当当。

之后的招待会则办在珍本室门口走廊的尽头，那里有个展厅。我第一次邂逅吉罗拉莫·梅尔库里亚利和《体操艺术》便是在珍本室里，那让我感到某种莫名的安慰。

然而，奥利弗离开后，一切便归于沉寂。生活变得异常安静，我对运动的兴致也寡淡下来。这些对我突然都不再重要，包括运动史在内。一切都显得无足轻重，不值一提。我把这本书搁置起来，电脑里的书稿有将近 4 年没动。那段时间我写了另一本书，一本回忆录，关于我在纽约的生活，和奥利弗一起的生活；另外还出了本街头摄影集。

单身、孤独、无聊、抑郁的我也开始在家附近的酒吧出没，在那里荒废了许多夜晚，喝很多酒。我还是会偶尔运动，但并不十分上心——我已经失去了对运动的热情。曾经的 6 块腹肌变成了堆积的脂肪，把我的意志力又削弱了 10 倍。健身房、游泳池、瑜伽课，似乎都越来越遥不可及。2018 年初，我被查出有高血压。这倒也不奇怪——我有 5 个姊妹，其中 3 个有高血压，我已故的母亲也有，而且我的血压向来有点偏高。医生给我开了药，还叮嘱我："你要加强有氧运动。"

"是哦，我就猜到你会这么说。"

57 岁时，我接受了一个新的现实：曾经的选择不再是种选择。我以前运动是因为自己想要运动，为了好看，为了感觉良好，现在却是不得不为了健康运动。没有借口。

过程有些漫长，但我和运动终于再次重逢（或许有人会这么说），尽管方式已经不同。奥利弗的离世距离史蒂夫去世不过9年，他死后我便变了。我觉得自己变成了另一个人，运动对我的意义于是也变了。我感觉到的不是年轻人的痴迷，而更像是已经步入中年的昔日恋人做出的得体安排。我又开始规律地训练、游泳，血压也因此回到正常水平，体重也下降了。2020年1月我59岁生日时，我觉得自己非常健康、精神，已经很久没有感觉这么好过。

然后新冠肺炎疫情突然来袭。

3月中旬，为防止新冠病毒传播，纽约州州长勒令全州所有健身房歇业（还伴有许多其他措施）。世界各地的城市无不如此——一夜之间，健身房几乎全部关门，整个行业突然终结，更何况这还是数百万人的生活方式。这不是健身房第一次因公共健康危机而被迫关门。1918年暴发的流感大流行仅在美国就夺去了至少50万人的生命。为防止这种致命病毒的传播，基督教青年会分会曾在疫情期间一度关闭数月，政府禁止举办室内体育赛事，鼓励人们去户外运动。20世纪50年代初脊髓灰质炎流行高峰期（规模远远小于1918年的流感大流行和新冠病毒大流行）的情况也很类似。脊髓灰质炎病毒属于肠道病毒，通过肠道而非呼吸系统进入人体。这种病毒可以通过受到微量粪便污染的水传播，因此游泳池全部被关。（回过头去看，脊髓灰质炎造成的泳池关闭略显夸张，因为病例感染源很少真的追溯到游泳池。）然而和新冠肺炎疫情的影响比起来，这些前例就显得小巫见大巫了。根据国际健康、球拍运动和体育俱乐部协会（International Health, Racquet and Sportsclub Association）的数据，截至2020年底，随着美国的死亡病例在不到一年内逐渐接近50万大关，全美至少有15%的健身房彻底结束营业，而健身房关门和相关破产的总体规模仍然未知。

我和经历新冠肺炎疫情的其他人一样，在健身房关门时除了适应别无选择。我做了个20分钟的居家运动计划，包括俯卧撑、引体向上、深蹲、仰卧起坐、瑜伽，几乎每天都坚持散步。我没有尝试线上训练——在Instagram Live或Zoom跟着教练训练，或是在YouTube上瑜伽课；对派乐腾（Peloton）、Mirror健身镜等高科技健身产品也不感兴趣（反正我也买不起）。我记得在电视上看到过Mirror健身镜的广告，让我感觉非常奇怪——很有未来感，但不是在好的意义上：人们对着全身镜里的虚拟私教，一边看着镜子里的自己，一边卖力地独自训练。一款专为富人打造的高科技产品。对我而言，这简直就是人们日益隔绝且或许希望继续隔绝下去的缩影——和艾滋病时代非常不同：大家各自在家，孤绝、安全地窝在自己干净的镶镜分离舱里。

我坚持自己练了一阵，俯卧撑、散步，静待一切过去，但最终还是懈怠下来。然而，当我意识到健身房显然不会很快重开，我发现自己开始想念举重、做超级组及重复到力竭的泵感，甚至还怀念起第二天的肌肉酸痛。我想念泳池，想念游泳时的愉快和冥想。而我最想念的，或许还是健身房里的社区感——不管多少，总有一些。

2020 年 8 月底，纽约州允许健身房恢复营业，这时距离其停业已经过去 5 个多月。限制措施也同时出台：健身房客容量不得超过三分之一，强制佩戴口罩并维持社交距离，进门需测体温。健身设备在每次使用前后必须消毒，没有足够空气过滤系统的健身房需要加装。然而，室内游泳池和教授团体健身课（动感单车、瑜伽、普拉提等）的场馆还不能恢复营业，因为这些地方的新冠病毒传播风险被认为很高。

我一直等到泳池重开才重新激活了切尔西皮尔斯健身

房的会员卡，9 月 30 日，泳池开放第一天我就去了。这是栋仓库式三层建筑，登记台现在搬到了大楼停车场旁。我用健身房开发的应用程序扫好会员卡条形码，提交了我的“每日健康声明”——又一项新规定。然后工作人员给我测了体温，这才放我进门。

我很紧张，不是担心感染新冠，而是担心出什么差池，在不经意间违反新规定。这里以前总是有很多人，现在却空空的，很安静。餐厅很大，占据了大部分空间——过去总是人声鼎沸，充斥着搅拌机和榨汁机的不断轰鸣，现在却已关门谢客。就连大屏幕电视也关着。走去更衣室的路上，我有种深更半夜穿过机场的惊悚感。墙上挂着大大的灯牌。“不得保护”，其中一些写道，旁边是双手交叉成大“×”的简单图标。

“不得保护”：这 4 个字里浓缩着所有剧变。“保护”是和其他重训者（往往是陌生人）的身体互动，是在他们挑战个人纪录时为他们加油打气：“加油，再做两个。”它一度构成了独特的健身房小众文化的标志性特征。不保护（拒绝保护）或不分享器材和重训器械，这在不久以前还是不礼貌、缺乏运动员精神的表现。而现在，这些举动被视为高危行为。在新冠肺炎疫情期间，这些就相当于艾滋病大流行时的不安全性行为。

我只在更衣室里碰到两个人，还有两个蒙着面的清洁工在忙着给各种表面消毒（上锁的门、浴室台面、淋浴间）——人数刚好打平。桑拿房和宽敞的汗蒸房已无限期关闭，或许再也不会重开。它们让我想起梅尔库里亚利在罗马看到的摇摇欲坠的古代浴池，或温泉浴场——属于另一个时代、另一种文化的废墟。一切都让人沮丧至极。但我告诉自己不要沉溺下去——至少我还能做这些，应该为此感激。我迅速换上泳衣，拿起毛巾，朝泳池走去。时间刚刚好。他们说要早到 5 分钟。我约了下午 2 点，最多能游 30 分钟，感觉像是去看约好的医生似的。

救生员确认好预约，向我解释了规则：下水前要全程佩戴口罩——他递给我一个三明治塑料保鲜袋，用来在泳池边存放口罩。他说，如果我要用浮板、夹腿板、脚蹼，游完后要交还给他消毒。和过去不同的是，来游泳的人都有独用泳道——共用泳道或循环游*都不允许。这是这场疫情为数不多的好处之一。我早到了一点儿，但 1 号泳道已经空了出来，我可以立即下水。

* 指多人在同一泳道游来回。

“奥利弗的泳道。”我想道。因为他总是用1号泳道。救生员甚至会专门为了奥利弗让其他人换去其他泳道，因为那里有扶梯（奥利弗走路要拄拐杖，他不能蹲下来入水）。我领着他往扶梯走的时候，他穿着脚蹼的大平足总是“啪嗒啪嗒”地拍打着地面，然后我会帮助他安全下水。他全程都会紧紧抓着我的胳膊。

而现在，我摘掉口罩，戴上泳镜，一头扎进水中。

水很冷，很冷！没有10月山里的湖水那么冷，但要比平时冷得多。他们肯定把泳池抽干清理过，然后再重新注满了水。我蹬出去，双臂前伸呈V形，双腿做着海豚式打水。潜泳了三分之一的泳道距离后才钻出水面，开始自由泳。我立刻就自如地游了起来，仿佛从3月到现在时间并未流逝。我想过我是不是要慢慢找到节奏让两侧呼吸和手脚的移动同步，想过泳技是否已经生疏。但并没有，我的身体完全知道要怎么做：推拉蹬转——也就是游泳。我触到池壁，转了个身，再度蹬出。我一圈接着一圈地游着，很高兴忘记了疫情，让思绪飘回从前。

通往奥林匹亚之路

On the Road to Olympia

踏上旅程是好事。

——阿莱泰乌斯（*Aretaeus*），约 2 世纪

我一直梦想去奥林匹亚，想做一次与众不同的单人公路旅行，寻访古运动会遗址。这是吉罗拉莫·梅尔库里亚利不曾有过的机会。我几乎觉得这是我欠他的。

我首先参考的不是福多尔旅行指南，而是古希腊抒情诗人品达（Pindar）的作品，他专门为竞技赛会获胜者写了胜利颂歌。我正是从这些颂歌了解到，举办泛希腊竞技会（Panhellenic Games，面向希腊帝国或古希腊帝国运动员的竞赛）的城市有 4 个，而奥林匹亚只是其中之一。除了奥林匹克竞技会（当时和现在一样，也是每 4 年举办一次），两届赛事之间还会举办伊斯米亚竞技会、尼米亚竞技会（Nemean Games）和皮提亚竞技会（Pythian Games）。

四地一度组成了运动员和观赛者的常规旅行环线。而如今，许多旅行指南都不会提到伊斯米亚和尼米亚。

在罗马美国学院的酒吧里，我趁着喝啤酒的工夫计划出了大致路线。一位发色金中泛红的年轻考古学家告诉了我该如何到达我想去的地方——在某种意义上，我是想回到2800年前。我本以为可以坐火车从一地到达另一地，就像在意大利旅行一样。但这样并不行。考古学家解释道，这在希腊行不通，除非只是短途。租车是最合适的方式，我可以以雅典为起终点，把几个地方串成环线。“别担心，”她打包票道，“一出雅典，交通就很通畅了。”

我担心的不是交通不畅。交通不畅意味着堵车和不用开车。让我不安的是开车——在我想象中又高又窄又陡的公路上开快车，开得很快。不过，如果一个25岁的年轻人能做到，那比她大一倍还多的人一定也行。于是我订了机票、汽车和那4座城市的酒店，还拿到了国际驾照。

我在雅典待了两天才上路。别人都说我不会喜欢雅典，说那里“就是个大城市”，和纽约一样。这话我听过好几次。但在我看来，说某地和纽约一样简直是最高赞誉。我对曼哈顿是一见倾心，对雅典也是如此。6月末的雅典非常炎热，而博物馆里有空调，是再好不过的去处。我参观了卫城博物馆（Acropolis Museum，入口通道下能看到建馆时发现的古代遗迹）和国家考古博物馆（National Archaeological Museum）。后者堪称宝库，藏有不少惊人发现，包括一些古代刮身板和存放汗水和油脂混合物“*gloios*”的小陶罐。

我在赫兹租车租了辆价格实惠的柴油手动挡汽车。车上没装GPS导航，但我觉得没关系。我认为旅行时用GPS导航，堪比在体育比赛里用兴奋剂。我宁愿用老办法，我是说真正的老办法，就跟《奥德赛》里一样。纸质地图能带我去我想去的地方——希望如此。

离开雅典时很顺利，汽车在宽敞的多车道国道上开得很稳。我在后视镜里瞥见自己在笑。不到90分钟，我就看到了伊斯米亚的路标。伊斯米亚因位于科林斯地峡而得名。后者是连接希腊大陆和伯罗奔尼撒半岛的狭长地带，一侧临科林斯湾，另一侧临爱琴海。我在一个加油站停下，想打听去镇上的路。

“伊斯米亚？”穿着围裙的中年女店员说道，“伊斯米亚？这里——伊斯米亚！”

“我在伊斯米亚？”我答道，太好了，那古代遗迹呢？

她从收银机后走出来，走到窗前，然后指着西面喊道：“街道？有！”顿了顿。“桥？有！”我们对视起来。然后她发出了魔术师从帽子里拉出兔子般的声音：“噗！现在，伊斯米亚！”她当然是对的。没过几分钟，我把车停到停车场，准备去看伊斯米亚遗址。没有人排队，也没有很多人。实际上，除了那个店员、流浪猫以及两名身材魁梧、不苟言笑的保安，那里就再没有别人。我下车走到烈日下，仔细看了看遗址——可能有 100 平方米大。

老实说，我想到的第一个词是“凄凉”。如今的伊斯米亚主要是片旱地，只剩下岩石、泥土和树，考古学家仅发掘了其中一小部分。但说它“凄凉”实在是不太公平，因为这块土地依然承载着丰富的历史。毕竟，青年柏拉图据说在公元前 5 世纪初参加过伊斯米亚竞技会的摔跤比赛。他的汗水曾和这片土地的泥土融为一体。我抓起一把，把土慢慢撒下。

我得在当天下午 1 点前赶到尼米亚。我很早就和一名著名考古学家约好，而他只有 1 小时闲余。35 年来，他一直在负责尼米亚的发掘。我勉强按时赶到。那里有两个主遗址，我在其中一个的入口找到了斯蒂芬·米勒博士。我们握了握手，接着他便大步流星地走起来，开始讲述尼米亚的历史，我则手忙脚乱地找着笔。然后他突然停下说道："我们在更衣室里。"

"那这真是我见过的最美的更衣室了。"我小声说道。9根饰有凹槽的沙色柱子矗立在那儿，高低各异，散发着庄严感，鲜有造物能给人同样的感觉。地面平坦光滑。外面则是花园，生长着野玫瑰花丛。

米勒博士解释道，尼米亚竞技会开赛前，运动员会聚在这里脱衣，按照习俗往身上抹橄榄油和粉末。这些既是天然的防晒霜，也能更加凸显男性肌肉线条。然后他们会裸体比赛。"说回这里，"他继续说道，"我们在这里发现了一个从更衣室前往体育场的'秘密入口'。"我跟着他走进一条约2米高、27米长的地道。地道拱顶相当瞩目，是历史记载中最早的拱顶。为了保护地道，保障参观安全，考古队不得不重建部分地道，但揭示其最初用途及使用者的证据还是保留了下来。米勒博士指向地道墙上刻着的古希腊涂鸦说道："阿克鲁托斯真美。"翻译过来是这样。

"等等，这是男人说男人？"我问道。

"当然。所有竞技会都不许女人参赛。"他解释道。而且女性连观赛也只有在特定场合才行。

体育场长约 180 米，宽度足够同时容纳 12 名跑步运动员，已发掘到近乎原始状态。花岗岩起跑器依然牢牢固定在地。场地四周围着浅沟，用于在比赛间隙从渡槽引水，湿润尘土飞扬的跑道。这里会举办各种长度的跑赛，以及铁饼、标枪、跳远等田赛项目。摔跤、拳击及潘克拉辛（野蛮的古希腊版综合格斗）也会在此举办。观众会在四周的草坪缓坡上观赛——能容纳约 2000 人。跑道尽头是裁判台，这些古代世界的仲裁者会在胜负难分时给出最后判定。

米勒博士说，我们要从这里去第二个遗址。沿着这条路走 400 米左右有个宙斯神庙和一些宗教仪式遗迹，这些仪式会和所有竞技会同时举办。他建议我们在那儿会合。于是我们各自上了车。接下来发生的事让我完全莫名其妙，至少当时是这样：我听到一声巨响，仿佛枪响一般，整个人感觉被猛推了一把。我在后视镜里看到后车窗已经完全震碎，但不知道为什么会这样。然后我发现后车窗的位置有截橄榄树树干。原来我倒车时直接高速撞到了树上。

米勒博士在我旁边停下车。“我也撞过两次，”他从车里喊道，“这棵该死的树。我们真是难兄难弟！”他笑起来，然后摇起车窗，扬长而去。我现在什么也做不了——米勒博士只剩20分钟，这车也确实还能开。于是我慢慢开下了山坡。

这次旅行我斥下重金，购买了所有能买的租车保险。所以我从尼米亚打了通电话，赫兹租车便给我换了辆车，等在几小时车程外的海滨小镇纳夫普利奥。当晚我便在纳夫普利奥过夜。至于车损，我只需支付一小笔免赔额。这让我感觉必须游泳庆祝一下。我记得那是傍晚六点半左右。

我在一家家庭小旅馆下榻。前台职员萨诺斯向我推荐了游泳的地方，码头另一边有个“大理石海滩”。我试着问出具体位置。“就在另一边……”他指着门，“你会找到的。”

或许他没听懂我的意思。“那要多久呢?”

他耸耸肩，仿佛在说“你想多久就多久”。

我走上一条环抱大海的马路。太阳已经快要下山，但仍然很烈，气温将近38摄氏度。走了大约40分钟，我确实来到一个大理石海滩。只不过，我想象中的海滩有百万玛瑙，闪烁着各种万花筒般的色彩，仿佛是从女神的包里溢出来的一般，但那里就只是有很多石头而已。虽然天色已晚，水里还是有人。我看了一会儿，心中充溢着平静。

水面像石油一样黑。浪花用力拍打着海岸，海浪冲击着水泥护栏。我把衣服塞进背包，找了个地方放好，又在一个护栏那儿找到了梯子。我爬下梯子，进入水中，游起来。我游了很远，让大海带走了白天的压力。

第二天一早，萨诺斯给我画了张从纳夫普利奥到奥林匹亚的地图，我基本上会由东向西穿越伯罗奔尼撒半岛。他说这非常非常简单，说沿途很美很美，大概要开 2 小时。他还说他自己从没这样走过。考虑到我的方向感和迷路倾向，我那时已经推导出了一个简单的计算公式，来估算我在两地间的驾驶时间：乘以 2，保险起见，再多加 1 小时。所以，乐观估计，萨诺斯说的“2 小时到奥林匹亚”其实是 5 小时。好吧，我有一整天可以去奥林匹亚。那不如绕去迈锡尼看看？

迈锡尼是阿尔戈利德平原上的要塞城市。从纳夫普利奥向北行驶，约 1 小时即可到达。迈锡尼文明可追溯至近 4000 年前的青铜时代早期。最早提到体育运动的文献中便有一些来源于此。运动员会举办拳击和摔跤比赛来娱乐国王（本质上并非比赛）。我想象中的宫殿是个带竞技场的大宫殿，但爬到发掘出来的宫殿遗址时，我才发现自己想错了。这座国王宫殿相对较小。拳手直接在国王面前开战。

国王能闻到拳手身上的汗味，听到骨头咔咔作响，也能看到有人在一两米外被连击致死——想必也会为此心满意足。

从迈锡尼原路返回，回到前往奥林匹亚的主路后，我至少迷了3次路。主要原因是路标太少，而且通常都是希腊语。我每次都是靠着加油站员工或商店店员才找到路。萨诺斯没有骗我：沿途确实很美，而且我越往山上开，景色就越美。

5小时时限快耗尽时，我来到一个地图上没标出的山村。我停好车，四处走了走。一条小路蜿蜒穿过小镇，小路的上方下方是绿树环绕的陡坡，坡上都建着房子。但我一个人也没看到，一点人声也没听到，感觉像是来到了一个空无一人的香格里拉。

我望进一家餐馆（没有人）和几家商店（一样没人），然后接着往前走，最后终于找到一家酒吧，年轻的老板夫妇正坐在路边的桌子旁。男人的脸庞和胡子如同史前战士。女人穿着件性感的紧身夏装，头发是红铜色的。他们几乎不会说英语。我点了两杯可乐，一口气喝完。我实在是太渴了。我拿出地图，那个年轻女人指给我看我的位置——阿卡迪亚（Arcadia），和乌托邦同义。谜团迎刃而解。

往停车点走的时候，我看到有人走出一家餐馆，便问他那里是否营业。“当然。”他用柔和的嗓音答道。他蓄着浓须，穿着件凯旋摩托车T恤。“我给你拿菜单。”说完便穿过马路，走进了另一家店。我找了个露天座位坐下，成了那里唯一的食客。几分钟后，他回到餐馆。我点了杯啤酒。他转过身，再次穿过马路。不慌不忙，优哉游哉——我很喜欢。10分钟后，或许要再久一点，他拿着杯冰啤酒走回来。我点了个俱乐部三明治。

“跟我说说这个小镇，”我问道，“这里有什么故事吗?”

他看上去不太自在，“我英语不好。”

我说没关系，让他放心，他便说了些小事。“这里是建筑工人建的，”他说道，“在其他镇子给别人造房子的工人。”他说他们回到这里，把最适合建房子的地方留给了自己。

“太棒了。那你呢?”

“我是大概20年前来的，然后就再也没走。”

半小时后，他带着我的食物回来。我发现所有食物都是现做的，包括薯条。然后他就走了，留下我在那儿吃饭。他走了很久，久到我以为他已经忘了我的存在。一个念头闪过我的脑际：如果多年后我再度回来，试图找到这个村子，它会消失得无影无踪，这些房子、那对年轻夫妇或者这家餐馆都会不见踪迹。走之前，我在街对面的空酒吧里找到了他。他咧嘴一笑，拿过一个瓶子，往小酒杯里倒了点金色的液体，把杯子推到我面前。

“这是希腊传统。”他说，他看出了我脸上的疑惑。那是用蜂蜜酿的酒。他给自己也倒了一杯，我们碰了杯。酒的度数不高，甜甜的，但没糖浆那么甜腻，烈得刚好，两个男人喝也不奇怪，我父亲会这么说。

他递给我一个纸杯，里面是双份意式浓缩咖啡。我结了账，刚走出门，又马上探进头去。“奥林匹亚?”我说，“是那个方向吗?”我指着路的前方。

“对，沿着这条路走就行。”他答道。

3 小时后我驶入奥林匹亚，这时距离我上路已经过去了 8 小时。我发现主街交通拥堵，寸步难行，便把车停到附近的小巷里，步行去了旅馆。有一大群人聚在一家商店周围。商店的窗户破了，人行道上散落着碎玻璃。那是家珠宝店。一名年轻人告诉我，几分钟前有武装匪徒持枪抢劫，他们拿走了橱窗里的珠宝。“人抓到了吗?”我问道。话一出口，我就意识到这听上去有多傻。

“那 4 个男人有枪，谁会去拦他们。”他奚落道，“现在在这个国家，人们为了钱什么都干得出来。”

我离开犯罪现场，去旅馆办好入住手续，迅速收拾干净后又回到车里。奥林匹亚遗址晚上 8 点关门，我想在关门前赶去参观。

事实证明，这个时候去再合适不过。旅游大巴已经离开，遗址里基本是空的，只有 15 到 20 个人。黄昏时的景色美得如梦似幻：天很热，但也很干；太阳低垂，散发着流动的金色光线，还有许多树可以遮阴。遗址大约有 4 个足球场大，没有满是商品或纪念品的摊位，也不会像意大利的许多历史古迹那样，到处都有保安训你。你可以自己待着。

我参观了运动场、体育馆、摔跤场遗迹，每一处都非常讲究简洁实用。我在这个静谧、安宁的地方漫步而过，觉得这里更像是宗教静修场所，而不是挥洒鲜血和汗水的地方。

遗址中还散布着许多其他建筑。一些是供奉男女众神的神庙，以供奉宙斯的神殿为首；一些是后来建的建筑，包括罗马皇帝委托建造的别墅，是皇帝本人钦选了这个黄金地块。人们必须动用想象力，才能在视觉上做减法，删除不属于原奥林匹克竞技会场地的建筑，想象属于运动员的奥林匹亚在竞技会举办期间的样子。我觉得这样挺好。因为孕育出奥林匹克竞技会的，不正是想象力——伟大的集体想象力吗?

人们一贯认为，奥林匹克竞技会创办于公元前776年。不过历史学家现在认为，其创办其实可能要更晚一些。无论如何，在奥林匹亚举办的竞技会是举办最早、延续时间最久的希腊竞技赛会。造就其卓越的因素之一，是奥林匹亚对运动员的一项要求，一项只有奥林匹亚才有的要求：运动员必须承诺自己每年至少连续训练10个月。满足这点的人会在竞技会开始前在附近的训练营进行高强度集训，为期30天。这一要求被认为比奥林匹克竞技会本身更难，有效筛选掉了不够优秀、不够敬业的运动员，只留下精英中的精英参加比赛。这种持续全年的系统性健身训练旨在让身体保持最佳状态。这在某种意义上，正是我们如今所谓的健身的前身。

我在奥林匹亚遗址一直待到关门。离开时，我向门口的两位保安表达了感谢。

“太美了!”我情不自禁地感叹道。

离开奥林匹亚时，我感到一种自由。现在想来，这种感觉好比“开到五挡”，在路上以最高速度行驶，前面没有车，左侧是大海，无忧无虑。就是这样的感觉，无论是字面意义还是比喻意义。我在皮尔戈斯附近，在快开上里永·安蒂里永大桥的地方停车加油，顺便问路。我对加油站员工说，大桥看起来非常壮观。

年轻人反感地摇摇头。“没错，但是——我们在挨饿。”他说，“那座桥，很……假。”我猜他的意思是，鉴于希腊的经济状况，桥只是假象，希腊在经济上并无力承担——就只是一大奇观，一如奥林匹亚古老的宙斯神像，曾经的世界奇迹。

我的行程是按地理位置定的——开车最方便、最快的路线。但我后来发现，这个行程碰巧还有时序逻辑。第一站伊斯米亚遗址发掘最少，最不发达，但越往前走，目的地的状况就越好。当我驶入皮提亚竞技会的举办地德尔斐时，我意识到我可能把最好的留到了最后。

德尔斐隐匿在福基斯山谷帕尔纳索斯山的西南角，景色非常壮观。我没来得及在当天参观遗址，但还是在日落前瞥到一眼——着实令人惊艳。第二天，我一起床就去了古遗迹所在地。根据神话，阿波罗在杀死居于此地的巨龙皮同后创办了皮提亚竞技会，竞技会也因此得名，以表彰这一英雄行为。皮提亚竞技会和奥林匹克、伊斯米亚及尼米亚竞技会有一大重要不同：竞技会举办期间，还会同期举办音乐舞蹈比赛——可以说是美国选秀节目《美国偶像》（*American Idol*）和《与星共舞》（*Dancing with the Stars*）的古希腊版综合体。

进去前，我先停车确认了下方向，涂了点防晒霜。所谓进去其实是上去，因为参观遗址需要爬山。其他旅客在我身边匆匆而过，我则不紧不慢地走向第一大景点——阿波罗神庙。我很享受沉浸在这个当下，看着这座巨大的神庙在视线中若隐若现。

阿波罗神庙如此庞大、稳固。相形之下，尼米亚的更衣室似乎只是小巧玲珑的袖珍模型。我绕着神庙走了一圈，依然很难想象它是怎么在大约3000年前建成的（答案是苦役，但还牵涉别的因素，某种蕴含在其建筑美中的神秘因素）。这座神庙是德尔斐祭司的住所。她（而且始终是她，所有祭司均为女性）会吸入冒出地表裂缝的烟雾（可能是天然矿泉散发的气体，据说会让人进入恍惚状态），对未来事件做出预言。

我突然想到，即便是这样的人，也永远无法预测出一个人会漫游到多少不可思议之地，无论是地理上的目的地，还是历史上的目的地。超能力再厉害、同理心再强的预言家也无法预见生活会把人逼到什么份儿上，给人多大的考验，人们的内心又会受到多大的伤害——或得到多大的成长。能置身于此，遍访四大遗址，我已经心感幸运。我默默感谢了梅尔库里亚利的激励。当我开始往剧院爬，往更远处嵌在半山腰的体育场爬的时候，我最爱的品达的诗句不禁跃入脑海：

取得新胜利的他，
沐浴着阳光，
在希望间翱翔。
他的英勇事迹，
让他漫步空中，
当他展开构想，
计划于他，
比财富更加甘芳。

参考文献

Bibliography

Books and Articles

Agasse, Jean-Michel. "Girolamo Mercuriale: Humanism and Physical Culture in the Renaissance." Translated from French by Christine Nutton. In Mercuriale, *Girolamo Mercuriale: De arte gymnastica*, 861–1118. English-language translation of Mercuriale's text included. Translated from Latin by Vivian Nutton. Florence, Italy: Leo S. Olschki, 2008.

Ananthaswamy, Anil. "The Exercise Paradox." *New Scientist*, June 1, 2013, 28–29.

Angelopoulou, N., et al. "Hippocrates on Health and Exercise." *Nikephoros* 13 (2000): 141–52.

Arcangeli, Alessandro, and Vivian Nutton, eds. *Girolamo Mercuriale: Medicina e cultura nell'Europa del cinquecento*. Florence, Italy: Leo S. Olschki,

2008.

Aristotle. *Problems: Books 1–19*. Translated by Robert Mayhew. Cambridge, MA: Harvard University Press, 2011.

Aristotle. *Problems: Books 20–38*. Translated by Robert Mayhew. Cambridge, MA: Harvard University Press, 2011.

Aschwanden, Christie. "Faster Body, Faster Mind." *New Scientist*, November 9, 2013, 44–47.

Barry, John M. *The Great Influenza*. New York: Penguin Books, 2004.

Beecher, Catharine. *A Treatise on Domestic Economy.* New York: Harper & Bros., 1848.

Berryman, Jack W., and Robert J. Park, eds. *Sport and Exercise Science: Essays in the History of Sports Medicine*. Urbana: University of Illinois Press, 1992.

Biagioli, Brian D. *Advanced Concepts of Personal Training.* Coral Gables, FL: National Council on Strength & Fitness, 2007.

Black, Jonathan. *Making the American Body*. Lincoln: University of Nebraska Press, 2013.

Blasé, Irene. Unpublished translation of Girolamo Mercuriale's *De decoration liber* (Venice, Italy: Giunta, 1585). Collection of Clendening History of Medicine Library, University of Kansas Medical Center, Kansas City.

Blasé, Irene. Unpublished translation of Girolamo Mercuriale's *De excrementis* (Venice, Italy: Giunta, 1572). Collection of Clendening History of Medicine

Library, University of Kansas Medical Center, Kansas City.

Borelli, Giovanni Alfonso. *De motu animalium*. Rome: Angeli Bernabó, 1680–81.

Bowie, Ewen, and Jas Elsner, eds. *Philostratus*. Cambridge, UK: Cambridge University Press, 2009.

Brailsford, Dennis. *British Sport: A Social History.* Rev. ed. Cambridge, UK: Lutterworth Press, 1997.

Bramble, Dennis M., and Daniel E. Lieberman. "Endurance Running and the Evolution of *Homo*." *Nature*, November 18, 2014, 345–52.

Brod, Max. *Franz Kafka: A Biography.* Translated by G. Humphrey Roberts and Richard Winston. New York: Schocken Books, 1960.

Butler, George. *Arnold Schwarzenegger: A Portrait.* New York: Simon & Schuster, 1990.

Castiglione, Baldesar. *The Book of the Courtier.* Translated by George Bull. New York: Penguin Books, 1967.

Celenza, Christopher S. *The Lost Italian Renaissance*. Baltimore: Johns Hopkins University Press, 2004.

Christensen, Paul, and Donald G. Kyle, eds. *A Companion to Sport and Spectacle in Greek and Roman Antiquity*. Hoboken, NJ: Wiley Blackwell, 2014.

Coffin, David R. *Pirro Ligorio: The Renaissance Artist, Architect, and Antiquarian*. University Park: Pennsylvania State University Press, 2004.

Cohen, Elizabeth S., and Timothy Cohen. *Daily Life in Renaissance Italy.* Westport, CT: Greenwood Press, 2001.

Conrad, Lawrence I., Michael Neve, Vivian Nutton, Roy Porter, and Andrew Wear. *The Western Medical Tradition: 800 B.C.–1800 A.D.* Cambridge, UK: Cambridge University Press, 1995.

Corcoran, Clinton. "Wrestling and the Fair Fight in Plato." *Nikephoros* 16 (2003): 61–85.

Corvisier, Jean-Nicolas. "Hygieia: Plutarch's Views on Good Health." *Nikephoros* 16 (2003): 115–46.

Crowther, Nigel B. "The Olympic Training Period." *Nikephoros* 4 (1991): 161–66.

Crowther, Nigel B. "The Palestra, Gymnasium, and Physical Exercise in Cicero." *Nikephoros* 15 (2002): 159–74.

Decker, Wolfgang. *Sports and Games of Ancient Egypt.* Translated by Allen Guttmann. New Haven, CT: Yale University Press, 1992.

Delavier, Frederic. *Strength Training Anatomy.* Champaign, IL: Human Kinetics, 2010.

Dickie, Matthew W. "Calisthenics in the Greek and Roman Gymnasium." *Nikephoros* 6 (1993): 105–51.

Dimon, Theodore. *The Body in Motion: Its Evolution and Design.* Berkeley, CA: North Atlantic Books, 2011.

Duby, Georges, ed. *Revelations of the Medieval World.* Vol. 2 of *A History of*

Private Life. Translated by Arthur Goldhammer. Cambridge, MA: Belknap Press of Harvard University Press, 1988.

Dutton, Kenneth R. *The Perfectible Body: The Western Ideal of Male Physical Development*. New York: Continuum, 1995.

Evans, Nick. *Bodybuilding Anatomy*. Champaign, IL: Human Kinetics, 2007.

Ferretti, Anna Colombi. *Il complesso monumentale di San Mercuriale a Forli Restauri*. Forli-Cesena, Italy: STC Group, 2000.

Folk, G. Edgar, and Holmes A. Semken Jr. "The Evolution of Sweat Glands." *International Journal of Biometeorology* 35 (1991): 180–86.

Fonda, Jane. *Jane Fonda's Workout*. VHS. Produced by Sid Galanty. Released by Karl Home Video and RCA Video Productions, 1982.

Fonda, Jane. *Jane Fonda's Workout Book*. New York: Simon & Schuster, 1981.

Fonda, Jane. *My Life So Far*. New York: Random House, 2005.

Fuller, Francis. *Medicina Gymnastica, or, A Treatise Concerning the Power of Exercise*. London: printed by John Matthews at the *Angel and Crown* in St. Paul's Church, 1705.

Gage, Frances. "Exercise for Mind and Body: Giulio Mancini, Collecting, and the Beholding of Landscape Painting in the Seventeenth Century." *Renaissance Quarterly* 61 (2008): 1167–207.

Gaines, Charles, and George Butler. *Pumping Iron: The Art and Sport of Bodybuilding*. New York: Simon & Schuster, 1974.

Galen. *Galen's Hygiene (De Sanitate Tuenda)*. Translated by Robert Montraville

Green, MD. Springfield, IL: Charles C. Thomas, 1951.

Galen. *Selected Works.* Translated by P. N. Singer. New York: Oxford University Press, 1997.

Gallini, Giovanni Andrea. *A Treatise on the Art of Dancing.* London: printed for the author, 1762.

Gamrath, Helge. *Farnese: Pomp, Power, and Politics in Renaissance Italy.* Rome: L'Erma di Bretschneider, 2007.

Gardiner, E. Norman. *Athletics of the Ancient World.* London: Oxford University Press, 1971.

Gaston, Robert W. *Pirro Ligorio: Artist and Antiquarian.* Milan: Silvana Editoriale, 1988.

Gay, Peter. *Freud: A Life for Our Times.* New York: W. W. Norton, 1988.

Georgii, Carl August. *Kinetic Jottings: Miscellaneous Extracts from Medical Literature, Ancient and Modern.* London: Henry Renshaw, 1880.

Gerber, Ellen W. *Innovators and Institutions in Physical Education.* Philadelphia: Lea & Febiger, 1971.

Goethe, Johann Wolfgang. *Maxims and Reflections.* Translated by Elisabeth Stopp. New York: Penguin Books, 1998.

Golden, Mark. *Sport and Society in Ancient Greece.* Cambridge, UK: Cambridge University Press, 1998.

Goldstein, Richard. "Jack LaLanne, Founder of Modern Fitness Movement, Dies at Ninety-Six." *New York Times*, January 24, 2011.

Grafton, Anthony, ed. *Rome Reborn: The Vatican Library and Renaissance Culture.* Washington, DC: Library of Congress, 1993.

Grafton, Anthony, Glenn W. Most, and Salvatore Settis, eds. *The Classical Tradition.* Cambridge, MA: Belknap Press of Harvard University Press, 2010.

Green, Harvey. *Fit for America: Health, Fitness, Sport, and American Society.* New York: Pantheon Books, 1986.

Gutsmuths, Johann Christoph Friedrich. *Gymnastik für die Jugend.* Schnepfenthal, Germany: Buchhandlung der Erziehungsanstalt, 1793.

Guttmann, Allen. *The Erotic in Sports.* New York: Columbia University Press, 1996.

Hagelin, Ova. *Kinetic Jottings: Rare and Curious Books in the Library of the Old Royal Central Institute of Gymnastics.* Stockholm, Sweden: Hagelin Rare Books AB, 1995.

Hamill, Joseph, and Kathleen M. Knutzen. *Biomechanical Basis of Human Movement*. 3rd ed. Baltimore: Lippincott Williams & Wilkins, 2009.

Harris, H. A. *Sport in Greece and Rome*. London: Thames and Hudson, 1979.

Harvey, William. *De motu locali animalium, 1627*. Translated by Gweneth Whitteridge. Cambridge, UK: Cambridge University Press, 1959.

Hecht, Jennifer Michael. *The Happiness Myth: Why What We Think Is Right Is Wrong*. New York: Harper Collins, 2007.

Herlihy, David V. *Bicycle.* New Haven, CT: Yale University Press, 2004.

Hesiod. *Works and Days*. Translated by Glenn W. Most. Cambridge, MA: Harvard University Press, 2018.

Hippocrates. *The Medical Works of Hippocrates*. Translated by John Chadwick and W. N. Mann. Oxford, UK: Blackwell Scientific Publications, 1950.

Hippocrates. *Regimen in Health. Regimen 1-3.* Translated by W. H. S. Jones. Loeb Classical Library 150. Cambridge, MA: Harvard University Press, 1931.

Homer. *The Iliad*. Translated by Stephen Mitchell. New York: Free Press, 2011.

Homer. *The Odyssey*. Translated by Robert Fagles. New York: Penguin Classics, Deluxe Edition, 1996.

Horstmanshoff, Manfred, Helen King, and Claus Zittel, eds. *Blood, Sweat, and Tears: The Changing Concepts of Physiology from Antiquity into Early Modern Europe*. Leiden, Netherlands: Brill, 2012.

Howell, Maxwell L. *People's Republic of China Four-Minute Exercise Plan*. New York: Grosset & Dunlap, 1973.

Huizinga, Johan. *Homo Ludens: A Study of the Play Element in Culture*. Boston: Beacon, 1972.

Jahn, Friedrich Ludwig. *Treatise on Gymnastics*. Translated by Charles Butler. Northampton, MA: Simeon Butler, 1828.

Joyce, James. *Ulysses: The Complete and Unabridged Text*. New York: Vintage International, 1990.

Kafka, Franz. *The Diaries of Franz Kafka, Volume Two: 1914–1923*. Translated by Martin Greenberg and Hannah Arendt. London: Secker & Warburg, 1949.

Kraus, Hans, and Ruth P. Hirschland. "Muscular Fitness and Health." *Journal of the American Association for Health, Physical Education, and Recreation* 24, no. 10 (1953): 17–19.

Kuno, Yas. *Human Perspiration*. Springfield, IL: Charles C. Thomas, 1956.

Kyle, Donald G. *Sport and Spectacle in Ancient Greece*. Malden, MA: Blackwell, 2007.

Laden, Karl, ed. *Antiperspirants and Deodorants*. New York: Marcel Dekker, 1999.

Laughlin, Terry. *Total Immersion: The Revolutionary Way to Swim Better, Faster, and Easier*. New York: Fireside, 2004.

Lee, Hugh M. "The *caestus* in the Sixteenth Century: Brant, Raphael, Mercuriale, and Ligorio." *Nikephoros* 18 (2005): 207–17.

Lee, Hugh M. "Girolamo Mercuriale: De Arte Gymnastica." *Nikephoros* 22 (2009): 263–71.

Lee, Hugh M. "Mercuriale, Ligorio, and the Revival of Greek Sports in the Renaissance." In *Cultural Relations Old and New: The Transitory Olympic Ethos*. London, ON: International Centre for Olympic Studies, 2004.

Leonard, Fred Eugene. *Pioneers of Modern Physical Training*. New York: Association Press, 1922.

Lewis, Diocletian. *The New Gymnastics for Men, Women, and Children*. Boston:

Ticknor & Fields, 1862–68.

Ling, Pehr Henrik. *Gymnastikens Allmänna Grunder*. Upsala, Sweden: Leffler & Sebell, 1840.

Lo, Vivienne. *Perfect Bodies: Sports, Medicine, and Immortality*. London: British Museum, 2012.

Locke, John. *Some Thoughts Concerning Education*. London: 1693.

Löfving, Concordia. *On Physical Education, and Its Place in a Rational System of Education*. London: W. Swan Sonnenschein, 1882.

Mann, Thomas. *Essays*. Translated by H. T. Lowe-Porter. New York: Vintage Books, 1957.

Mantas, Konstantinos. "Women and Athletics in the Roman East." *Nikephoros* 8 (1995): 125–44.

Massengale, John D., and Richard A. Swanson, eds. *The History of Exercise and Sport Science*. Champaign, IL: Human Kinetics, 1997.

Mattern, Susan P. *The Prince of Medicine: Galen in the Roman Empire*. New York: Oxford University Press, 2013.

McClelland, John. *Body and Mind: Sport in Europe from the Roman Empire to the Renaissance*. New York: Routledge, 2007.

McDougall, Christopher. *Born to Run: A Hidden Tribe, Superathletes, and the Greatest Race the World Has Never Seen*. New York: Vintage Books, 2011.

McGinn, Colin. *Sport.* Stocksfield, UK: Acumen, 2008.

McKenzie, Shelly. *Getting Physical: The Rise of Fitness Culture in America*.

Lawrence: University Press of Kansas, 2013.

Mechikoff, Robert A., and Steven G. Estes. *A History and Philosophy of Sport and Physical Education from Ancient Civilization to the Modern World*. New York: McGraw-Hill, 1993.

Mendez, Christobal. *Book of Bodily Exercise*. Translated by Francisco Guerra. New Haven, CT: Elizabeth Licht, 1960.

Mercuriale, Girolamo. *De arte gymnastica*. Venice, Italy: Giunta, 1569 (first edition) and 1573 (second edition).

Mercuriale, Girolamo. *De decoratione liber*. Venice, Italy: Giunta, 1585.

Mercuriale, Girolamo. *De morbis cutaneis, et omnibus corporis humani excrementis tractatus locupletissimi...* Venice, Italy: Giunta, 1572.

Mercuriale, Girolamo. *De pestilentia*. Venice, Italy: Giunta, 1577.

Mercuriale, Girolamo. *Girolamo Mercuriale: De arte gymnastica*. Translated from Latin by Vivian Nutton. Florence, Italy: Leo S. Olschki, 2008.

Mercuriale, Girolamo. *Nomothelasmus*. Padua, Italy: Giacomo Fabriano, 1552.

Miller, Stephen G. *The Ancient Stadium of Nemea*. Walnut Creek, CA: Thomas J. Long Foundation, n.d.

Miller, Stephen G. *Arete: Greek Sports from Ancient Sources*. Berkeley: University of California Press, 2004.

Mondschein, Ken. *The Knightly Art of Battle*. Los Angeles: J. Paul Getty Museum, 2011.

Morris, Jeremy, et al. "Coronary Heart Disease and Physical Activity of Work."

The Lancet 262 (November 21, 1953): 1053–57.

Mulcaster, Richard. *Positions*. London: printed by Thomas Vautrollier for Thomas Chare, 1581.

Neils, Jenifer. *Goddess and Polis: The Panathenaic Festival in Ancient Athens*. Hanover, NH: Hood Museum of Art, Dartmouth College, 1992.

Nutton, Christine. "Mercurialis's Life and Work." In *Hieronymus Mercurialis, De arte gymnastica*. Stuttgart, Germany: Edition Medicina Rara, 1978.

Nutton, Vivian, ed. *Medicine at the Courts of Europe, 1500–1837*. Abingdon, UK: Routledge, 1990.

Nutton, Vivian. "The Pleasures of Erudition: Mercuriale's *Variae Lectiones*." In *Girolamo Mercuriale: Medicina e cultura nell'Europa del cinquecento*, edited by Alessandro Arcangeli and Vivian Nutton, 77–95. Florence, Italy: Leo S. Olschki, 2008.

Oates, Joyce Carol. *On Boxing*. Updated and expanded ed. New York: Harper Perennial, 2006.

Palmer, Richard. "Girolamo Mercuriale and the Plague of Venice." In *Girolamo Mercuriale: Medicina e cultura nell'Europa del cinquecento*, edited by Alessandro Arcangeli and Vivian Nutton, 51–65. Florence, Italy: Leo S. Olschki, 2008.

Panvinio, Onofrio. *De ludis circensibus*. 2nd ed. Padua, Italy: Pauli Frambotti, 1642.

Park, Katharine. *Doctors and Medicine in Early Renaissance Florence*.

Princeton, NJ: Princeton University Press, 1985.

Partner, Peter. *Renaissance Rome, 1500–1559: A Portrait of a Society*. Berkeley: University of California Press, 1976.

Pascha, Johann Georg. *Gründliche Beschreibung des Voltiger*. Halle, Germany: Melchior Oelschlegel, 1666.

Philostratus. *Heroicus, Gymnasticus, Discourses 1 and 2*. Translated by Jeffrey Rusten and Jason König. Cambridge, MA: Harvard University Press, 2014.

Pindar. *Pindar's Victory Songs*. Translated by Frank J. Nisetich. Baltimore: Johns Hopkins University Press, 1980.

Piranonmonte, Marina. *The Baths of Caracalla*. Milan: Mondadori Electa, 2008.

Plato. *Plato: The Man and His Work*. Translated by A. E. Taylor. Mineola, NY: Dover Publications, 2001 (unaltered republication of the fourth edition originally published in 1926 by Methuen, London).

Plato. *The Republic of Plato*. Translated by Francis MacDonald Cornford. London: Oxford University Press, 1951.

Pleket, H. W. "The Infrastructure of Sport in the Cities of the Greek World." *Scienze dell'antichita: Storia, archeologia, antropologia* 10: 627–44.

Pleket, H. W. "Roman Emperors and Greek Athletes." *Nikephoros* 23 (2010): 175–203.

Porter, Roy. *Flesh in the Age of Reason: The Modern Foundations of Body and Soul*. New York: W. W. Norton, 2004.

Potter, David. *The Victor's Crown: A History of Ancient Sport from Homer to

Byzantium. New York: Oxford University Press, 2012.

Powers, Scott K., and Edward T. Howley. *Exercise Physiology: Theory and Application to Fitness and Performance*. 8th ed. New York: McGraw Hill, 2012.

President's Council on Physical Fitness. *Adult Physical Fitness: A Program for Men and Women*. Washington, DC: US Government Printing Office, ca. 1962.

Quinn, Susan. *Marie Curie: A Life*. New York: Simon & Schuster, 1995.

Remijsen, Sofie. *The End of Greek Athletics in Late Antiquity*. Cambridge, UK: Cambridge University Press, 2015.

Renbourn, E. T. "The History of Sweat and the Sweat Rash from Earliest Times to the End of the Eighteenth Century." *Journal of the History of Medicine* 9 (April 1959): 202–27.

Rifkin, Benjamin A., and Michael J. Ackerman. *Human Anatomy: From the Renaissance to the Digital Age*. New York: Harry N. Abrams, 2006.

Robertson, Claire. *Il Gran Cardinale: Alessandro Farnese, Patron of the Arts*. New Haven, CT: Yale University Press, 1992.

Rousseau, Jean-Jacques. *Emile, or On Education*. Translated by Allan Bloom. New York: Basic Books, 1979.

Sandow, Eugen. *Strength and How to Obtain It*. London: Gale & Polden, 1897.

Santorio, Santorio. *Medicina Statica: Being the Aphorisms of Sanctorius*. Translated by John Quincy. London: W. J. Newton et al., 1723–24.

Scanlon, Thomas F. *Eros and Greek Athletics*. New York: Oxford University Press, 2002.

Singleton, Mark. *Yoga Body: The Origins of Modern Posture Practice*. New York: Oxford University Press, 2010.

Siraisi, Nancy G. *Communities of Learned Experience*. Baltimore: Johns Hopkins University Press, 2013.

Siraisi, Nancy G. "History, Antiquarianism, and Medicine: The Case of Girolamo Mercuriale." *Journal of the History of Ideas* 64 (April 2003): 231–51.

Siraisi, Nancy G. *Medieval and Early Renaissance Medicine: An Introduction to Knowledge and Practice*. Chicago: University of Chicago Press, 1990.

Siraisi, Nancy G. "Mercuriale's Letters to Zwinger and Humanist Medicine." In *Girolamo Mercuriale: Medicina e cultura nell'Europa del cinquecento*, edited by Alessandro Arcangeli and Vivian Nutton, 77–95. Florence, Italy: Leo S. Olschki, 2008.

Solari, Giovanna R. *The House of Farnese: A Portrait of a Great Family of the Renaissance*. Translated by Simona Morini and Frederic Tuten. Garden City, NY: Doubleday, 1968.

Spears, Betty. "A Perspective of the History of Women's Sport in Ancient Greece." *Journal of Sport History* 11, no. 2 (Summer 1984): 32-47.

Sutton, Richard L. *Sixteenth Century Physician and His Methods: Mercurialis on Diseases of the Skin*. Kansas City, MO: Lowell Press, 1986.

Sweet, Waldo. *Sport and Recreation in Ancient Greece*. New York: Oxford University Press, 1987.

Syman, Stefanie. *The Subtle Body: The Story of Yoga in America*. New York: Farrar, Straus and Giroux, 2010.

Thibault d'Anvers, Gérard. *Academie de l'Espée.* Leiden, Netherlands: Elzevir, 1628–30.

Tipton, Charles M., ed. *Exercise Physiology: People and Ideas*. New York: Oxford University Press, 2003.

Todd, Jan. "From Milo to Milo: A History of Barbells, Dumbbells, and Indian Clubs." *Iron Game History* 3, no. 6 (1995): 4–16.

Todd, Jan. *Physical Culture and the Body Beautiful: Purposive Exercise in the Lives of American Women, 1800–1875.* Macon, GA: Mercer University Press, 1998.

Tuccaro, Archangelo. *Trois dialogues de l'exercise de sauter et voltiger en l'air*. Paris: Claude de Monstr'oeil: 1599.

Tyrrell, William Blake. *The Smell of Sweat: Greek Athletics, Olympics, and Culture*. Wauconda, IL: Bolchazy-Carducci, 2004.

Vagenheim, Ginette. "Pirro Ligorio." In *Encyclopedia of the Renaissance*, edited by Paul F. Grendler. Vol. 3. New York: Charles Scribner's Sons, 1999.

Vegetius, Publius Flavius Renatus. *De rei militari libri*. Leiden, Netherlands: Plantin Press, 1607.

Vella, Mark. *Anatomy for Strength and Fitness Training*. New York: McGraw

Hill, 2006.

Vertinsky, Patricia A. *The Eternally Wounded Woman: Women, Doctors, and Exercise in the Late Nineteenth Century*. Urbana: University of Illinois Press, 1994.

Veyne, Paul, ed. *From Pagan Rome to Byzantium*. Vol. 1 of *A History of Private Life*. Translated by Arthur Goldhammer. Cambridge, MA: Belknap Press of Harvard University Press, 1987.

Vigarello, Georges. *The Metamorphosis of Fat: A History of Obesity*. Translated by C. Jon Delogu. New York: Columbia University Press, 2013.

Waddy, Patricia. *Seventeenth-Century Roman Palaces: Use and the Art of the Plan*. Cambridge, MA: MIT Press, 1990.

Waller, David. *The Perfect Man: The Muscular Life and Times of Eugen Sandow, Victorian Strongman*. Brighton, UK: Victorian Secrets, 2011.

West, Michael. "Everard Digby, and the Renaissance Art of Swimming." *Renaissance Quarterly* 26, no. 1 (1973): 11–22.

Zander, Gustaf. *Dr. G. Zander's Medico-Mechanische Gymnastik*. Stockholm, Sweden: P. A. Norstedt & Söner, 1892.

Zeigler, Earle F. *History of Physical Education and Sport*. Champaign, IL: Stipes, 1988.

Zeigler, Earle F. *Sport and Physical Education in the Middle Ages*. Bloomington, IN: Trafford, 2006.

WEBSITES

"Alessandro Farnese." Wikipedia. en .wikipedia.org/wiki/Alessandro_Farnese. Accessed July 5, 2013.

"Alfonso II d'Este, Duke of Ferrara." Wikipedia. en .wikipedia.org/wiki/Alfonso_II_d%27Este,_Duke_of_Ferrara. Accessed April 3, 2014.

Brouwers, Josho. "Roman Girls in 'Bikinis'—A Mosaic from the Villa Romana del Casale." Ancient World Magazine. https://www.ancient worldmagazine.com/articles/roman-girls-bikinis-mosaic-villa-romana-del-casale-sicily/. Accessed April 2021.

"Council of Trent, Session XXV, On Reformation, Eighth Decree, Chapter XIX [On dueling]." The Council of Trent. http://www.thecounciloftrent.com/ch25.htm.Accessed April 2021.

"Gerard Thibault d'Anvers." Wikipedia. en.wikipedia.org/wiki/G%C3%A9rard_Thibault_d%27Anvers. Accessed May 28, 2014.

"Girolamo Mercuriale." Wikipedia. en.wikipedia.org/wiki/Girolamo Mercuriale. Accessed July 5, 2013.

"History of Fencing." Wikipedia. en .wikipedia.org/wiki/History_of_fencing. Accessed May 28, 2014.

"Onofrio Panvinio." Wikipedia. en .wikipedia.org/wiki/Onofrio_Panvinio. Accessed July 5, 2013.

"Pirro Ligorio." Wikipedia. en .wikipedia.org/wiki/Pirro_Ligorio. Accessed April 3, 2014.

"Pope Pius IV." Wikipedia. en .wikipedia.org/wiki/Pope_Pius_VI. Accessed July 14, 2013.

"President's Council on Sports, Fitness & Nutrition—History." US Department of Health and Human Services. www .hhs.gov/fitness/about-pcsfn/our-history/index.html.Accessed December 2020.

Sturgeon, Julie, and Janice Meer. "The First Fifty Years: 1956–2006." US Department of Health and Human Services. www .hhs.gov/sites/default/files/fitness/pdfs/50-year-anniversary-booklet.pdf.Accessed December 2020.

Thayer, Bill. "Vitruvius: On Architecture." penelope .uchicago.edu/Thayer/e/roman/texts/vitruvius/home.html.Accessed January 2021.

Wilson-Barlow, Lindsay. "The Physiological Effects of Laughter." www.findapsychologist.org/the-physiological-effects-of-laughter-by-lindsay-wilson-barlow/. Accessed December 2020.

致谢

Acknowledgments

没有约翰·西蒙·古根海姆基金会（John Simon Guggenheim Foundation）的慷慨支持，本书便不会问世。我很感谢Edward Hirsch主席和基金会理事对本项目的信任。感谢利昂·利维基金会（Leon Levy Foundation）为我的奖金提供额外资金。我也想对罗马美国学院和布卢芒廷中心（Blue Mountain Center）表达感谢，两家机构都在我研究、写作期间为我提供了住处。

特别感谢阿琳·沙纳，是她让我知道了吉罗拉莫·梅尔库里亚利，并在本书写作过程中提供了重要的研究帮助、建议和鼓励。我也很感谢Jean-Michel Agasse、Giancarlo Cerasoli和Vivian Nutton，如此慷慨地与我分享他们的研究和见解。

“Pope Pius IV.” Wikipedia. en .wikipedia.org/wiki/Pope_Pius_VI. Accessed July 14, 2013.

“President’s Council on Sports, Fitness & Nutrition—History.” US Department of Health and Human Services. www .hhs.gov/fitness/about-pcsfn/our-history/index.html.Accessed December 2020.

Sturgeon, Julie, and Janice Meer. “The First Fifty Years: 1956–2006.” US Department of Health and Human Services. www .hhs.gov/sites/default/files/fitness/pdfs/50-year-anniversary-booklet.pdf.Accessed December 2020.

Thayer, Bill. “Vitruvius: On Architecture.” penelope .uchicago.edu/Thayer/e/roman/texts/vitruvius/home.html.Accessed January 2021.

Wilson-Barlow, Lindsay. “The Physiological Effects of Laughter.” www.findapsychologist.org/the-physiological-effects-of-laughter-by-lindsay-wilson-barlow/. Accessed December 2020.

致谢

Acknowledgments

没有约翰·西蒙·古根海姆基金会（John Simon Guggenheim Foundation）的慷慨支持，本书便不会问世。我很感谢Edward Hirsch主席和基金会理事对本项目的信任。感谢利昂·利维基金会（Leon Levy Foundation）为我的奖金提供额外资金。我也想对罗马美国学院和布卢芒廷中心（Blue Mountain Center）表达感谢，两家机构都在我研究、写作期间为我提供了住处。

特别感谢阿琳·沙纳，是她让我知道了吉罗拉莫·梅尔库里亚利，并在本书写作过程中提供了重要的研究帮助、建议和鼓励。我也很感谢Jean-Michel Agasse、Giancarlo Cerasoli和Vivian Nutton，如此慷慨地与我分享他们的研究和见解。

"Pope Pius IV." Wikipedia. en .wikipedia.org/wiki/Pope_Pius_VI. Accessed July 14, 2013.

"President's Council on Sports, Fitness & Nutrition—History." US Department of Health and Human Services. www .hhs.gov/fitness/about-pcsfn/our-history/index.html.Accessed December 2020.

Sturgeon, Julie, and Janice Meer. "The First Fifty Years: 1956–2006." US Department of Health and Human Services. www .hhs.gov/sites/default/files/fitness/pdfs/50-year-anniversary-booklet.pdf.Accessed December 2020.

Thayer, Bill. "Vitruvius: On Architecture." penelope .uchicago.edu/Thayer/e/roman/texts/vitruvius/home.html.Accessed January 2021.

Wilson-Barlow, Lindsay. "The Physiological Effects of Laughter." www.findapsychologist.org/the-physiological-effects-of-laughter-by-lindsay-wilson-barlow/. Accessed December 2020.

致谢

Acknowledgments

没有约翰·西蒙·古根海姆基金会（John Simon Guggenheim Foundation）的慷慨支持，本书便不会问世。我很感谢Edward Hirsch主席和基金会理事对本项目的信任。感谢利昂·利维基金会（Leon Levy Foundation）为我的奖金提供额外资金。我也想对罗马美国学院和布卢芒廷中心（Blue Mountain Center）表达感谢，两家机构都在我研究、写作期间为我提供了住处。

特别感谢阿琳·沙纳，是她让我知道了吉罗拉莫·梅尔库里亚利，并在本书写作过程中提供了重要的研究帮助、建议和鼓励。我也很感谢Jean-Michel Agasse、Giancarlo Cerasoli和Vivian Nutton，如此慷慨地与我分享他们的研究和见解。

还要非常感谢Steven Barclay、Peter Catapano、Carlyle David、Emily Forland、Lisa Garrigues、Ben Hyman、Myunghee Kwon、Harriet LeFavour、David Mann、Dawn McInnis、Nancy Miller、Laura Phillips、Alessandro Pisoni、Alexandra Pringle和Patti Ratchford。